Our Norwegian　　Utvandrerne
Immigrants　　til Amerika

Our Norwegian Immigrants

A HUNDRED-YEAR SAGA
TOLD IN PICTURES

Edited by
Jon Thallaug and Rolf Erickson

Dreyers Forlag - Oslo

Utvandrerne til Amerika

DERES HISTORIE I BILDER

Redigert av
Jon Thallaug og Rolf Erickson

Dreyers Forlag - Oslo

H. M. KONG OLAV V's tale ved åpningen av utstillingen «With Our Hands and Minds» i Chicago 16. oktober 1975.

Jeg er glad for å være invitert til å åpne fotoutstillingen «With Our Hands and Minds», som viser et interessant utvalg bilder fra norske immigranters daglige liv i Midt-Vesten.

Immigrantenes historie er full av gleder og sorger, suksess og nederlag, men fremfor alt er det en beretning om viljestyrke og hardt arbeide. Alle disse sidene ved immigrantenes liv levendegjøres for oss gjennom fotografiene i denne godt planlagte og kunstnerisk høyverdig utformede utstilling.

Presentasjonen må ha kostet meget hardt arbeide, meget graving etter materiale, og jeg vil overbringe en varm og personlig følt hyllest til dem som deler æren for den. Det er mitt oppriktige håp at andre sentre for norskættede amerikanere vil få anledning til å se utstillingen, og jeg er sikker på at den også ville bli møtt med stor interesse og forståelse i Norge.

Med disse ordene er det meg en glede å erklære fotografiutstillingen «With Our Hands and Minds» for åpnet.

SPEECH OF H. M. KING OLAV V at the Opening of Photo Exhibition in Chicago October 16, 1975.

I am glad to have been invited to open the photographic display «With our Hands and Minds», presenting an interesting selection of pictures illustrating the everyday experiences of Norwegian immigrants in the Midwest.

The story of the immigrants was one of joy and grief, of success and failure, above all it was a story of dedication and hard work. All these facets of the experiences of the immigrants are brought to life for us through the photographs in this well-planned and artistically designed exhibition.

Much hard work, much digging for material, must have gone into the display, and I want to pay a warm and personal tribute to those sharing the honor for it. It is my sincere hope that other centers of Americans of Norwegian origin will be given the opportunity of seeing this display, and I am confident that it would also be received with great interest and much apprecation in Norway.

With these words it gives me pleasure to declare opened the photographic display «With our Hands and Minds».

INNHOLD

CONTENTS

Copyright © 1978 Dreyers Forlag
B. A. Butenschøn A/S & Co., Oslo 2

ISBN 82-09-01414-5 (h.)
ISBN 82-09-01415-3 (ib.)

Printed in England 1978 by
William Clowes & Sons, Ltd.

Utgitt med bidrag fra Norsk Kulturfond

Det store 150-årsjubileet i 1975 for norsk utvandring til Nord-Amerika er etterhvert begynt å komme litt på avstand. I løpet av jubileumsåret skjedde det imidlertid ting som skulle sette spor etter seg og vise seg å få varig verdi.

Det kan herske liten tvil om at Hans Majestet Kongens omfattende reise blant norsk-ættede i Amerika bidro sterkt til å styrke samhørigheten mellom moderlandet og utvandrede nordmenn og deres etterkommere. Introduksjonen av Ridderrenns-tanken og etableringen av institusjonen «Ski for Light», som allerede har vært til gavn og glede for hundreder av amerikanske blinde, er også et varig «bumerke» etter jubileumsåret. På kulturfronten opplevde man bl.a. gjeninnvielsen av det ny-restaurerte, 100 år gamle norsk-amerikanske historiske museum i Decorah, Iowa, som er blitt et valfartssted for norsk-ættede fra store deler av Amerika.

En annen viktig begivenhet av varig verdi var den store fotoutstillingen «With Our Hands and Minds», som ble åpnet i Chicago under Kongens besøk der høsten 1975. Det er det omfattende materiale fra denne utstillingen som vi finner igjen i denne bok.

Utstillingen, og dermed boken, er i alt vesentlig et resultat av en iherdig manns arbeid. Han heter *Jon Thallaug* og er fra Lillehammer, men har i en årrekke vært bosatt som forretningsmann i Chicago. Han hører imidlertid til den type utvandrer som bevisst søker å holde båndene med Norge intakte, og som på sine mange reiser i USA har fattet en levende interesse for de gamle norske immigranter — deres enkelt skjebner såvel som deres felles historie. Det sier en del om Thallaug at han i tillegg til sine mange gjøremål påtok seg den videre utgivelse av den gamle norske Chicago-avisen «Vinland», etter at den sagnomsuste redaktør Bertram Jensenius avgikk ved døden for få år siden. Uten Thallaug ville denne tradisjonsrike avis ikke lenger kunnet eksistere.

Jon Thallaug fikk på et tidlig tidspunkt under

By now memories of the celebrations attending the 150th anniversary of Norwegian emigration to North America are somewhat dim. Nevertheless the jubilee year was marked by a number of events which made an indelible impression, and have proved to be of more than ephemeral value.

There is little doubt that HM King Olav's comprehensive tour of areas inhabited by Americans of Norwegian stock made a significant contribution to a strengthening of the bonds linking the mother country with emigrant Norwegians and their descendants. The introduction of the idea of competitive sports for handicapped persons and the establishment of the Ski for Light institution, which has already brought great happiness and a sense of new purpose to hundreds of blind Americans, are other lasting results of the jubilee year. On the cultural front we witnessed, among other events, the re-opening of the newly restored 100-year-old Norwegian-American historical museum in Decorah, Iowa, which now attracts people of Norwegian stock from all over the States.

Yet another event of lasting value was the comprehensive exhibition of photographs entitled «With Our Hands and Minds», which was opened in Chicago during the King's visit to that city in the autumn of 1975. It is the aim of this book to reproduce the wide range of photos to be found in that exhibition.

The exhibition itself, and consequently the book too, are essentially the result of one man's tireless efforts. His name is Jon Thallaug, and although he is originally from the town of Lillehammer in the heart of Norway, he has lived for a number of years in Chicago, where he is engaged in business. He belongs to the new type of immigrant who makes conscious efforts to maintain contact with Norway, and on his many journeys throughout the USA he shows a lively interest in the old Norwegian settlers, both their individual lives as well as their com-

jubileumsforberedelsene den lykkelige idé å gå i gang med å spore opp gamle fotografier som kunne fortelle om immigrantenes liv i USA. Det var et stort og vanskelig arbeide, som krevet tid og innsats og omfattende reisevirksomhet. Jeg var tilfeldigvis i Chicago på et tidspunkt da Thallaug var opptatt dag og natt med dette arbeide. Gjennom annonser og artikler i store og små aviser og tidsskrifter, gjennom radio- og TV-progammer samt en vidstrakt korrespondanse og telefonvirksomhet, lyktes det ham å få folk til å rote i gamle album, i skuffer og skap, og finne frem fotografier av den art han søkte. Etterhvert fikk han tilsendt et stort materiale. Billedene ble valgt ut med omhu, slik at mange forskjellige sider ved immigrantlivet ble belyst. Dertil kom det praktiske kjempeløftet å få de utvalgte billedene forstørret og montert og samlet til en vakker og verdig utstilling.

«With Our Hands and Minds» ble en stor suksess i Chicago, og har siden vært vist flere steder. I Norge fikk vi se den for første gang på Maihaugen i 1977. Om ikke lenge får vi se den igjen, på Henie-Onstad-senteret på Høvikodden. Og nå får vi altså boken i tillegg.

Vesentlige trekk ved våre utvandrede landsmenns liv legges frem for oss gjennom disse billedene. Her er humor og patos, glede og sorg – portretter av norske bondegutter som falt i Borgerkrigens glemte slag, skogsarbeidere i sine brakker, farmere foran de gamle treskemaskinene, koner og barn i dørgløtten til torvhytten på prærien, hurra-gjenger i T-Ford på vei til Syttendemai-feiring. Ingen som er interessert i sitt folks historie kan unngå å lese noe gripende og betydningsfullt ut av disse landsmenns ansikter, som stirrer mot oss fra sidene i denne boken.

Det er grunn til å takke Jon Thallaug for det viktige arbeidet han har utført, og å gratulere ham med at hans innsamlede materiale nå er kommet i bokform og dermed blitt en «vandreutstilling» i ordets beste forstand – slik han alltid har ønsket det.

Erik Bye

mon history. Some measure of his interest is illustrated by the fact that, in addition to his many other commitments, he undertook to continue publication of the old Norwegian Chicago newspaper *Vinland* after the death some years ago of its legendary editor Bertram Jensenius. Without Thallaug this traditional periodical would no longer have been able to survive.

At an early stage during preparations for the jubilee Jon Thallaug conceived the happy idea of starting a collection of old photographs depicting the lives of the immigrants in the USA.

The pictures were carefully selected, with a view to illustrating the many and varied facets of immigrant life.

«With Our Hands and Minds» proved a great success in Chicago, and has subsequently been shown in a number of other places. In Norway it was shown for the first time at Maihaugen in 1977, and we shall soon be seeing it again at the Henie-Onstad centre at Høvikodden just outside Oslo. And now, to cap it all, we have the book.

In these pictures we can study various features of the lives of our emigrant countrymen. These photos exude a pungent mixture of humour and pathos, joy and sorrow: we have portraits of Norwegian peasant lads who fell in the many forgotten battles and skirmishes of the Civil War, we have lumbermen and loggers in their bunkhouses, farmers posing in front of their old harvesters, women and children in the doorway of turf huts on the prairie, merry revellers in a T-model Ford on their way to celebrate May 17th. No one who is interested in the story of his people can fail to find something significant and poignant in the faces of these countrymen as they look out at us from the pages of this book.

We have every reason to thank Jon Thallaug for the great work he has carried out, and to congratulate him on the publication, in the form of a book, of the comprehensive material he collected, which in this way is now a «travelling exhibition» in the best sense of the word, of the kind he himself would appreciate.

Erik Bye

Einar Haugen

NORSKE ANSIKTER I AMERIKA

Det stod ingen pressefotograf og ventet på brygga i New York i 1825 da sluppen *Restauration* la til land med de første norske innvandrerne, bl.a. av den enkle grunn at fotografering ennå ikke var oppfunnet. Hva ville vi ikke ha gitt nå for et bilde av disse pionerene ombord i sitt trangbølte skip – kvinner, barn og menn, der de stod ved rekken og stirret inn i det forjettede land! Ansiktene var sikkert alvorlige og spente, for det var en høytidelig stund og det var viljesterke mennesker disse første fra Rogaland i Norge. Det var ellers et mirakel at de kom fram i det hele tatt, søkklastet som skipet var, uerfarne i skipperfaget, seilt den lengst mulige ruten, ombord i over tre måneder. Lederne hadde lært i den engelske prison å sette Gud over mennesker, og de takket sikkert Ham i sitt hjerte og i sine bønner for at Han hadde ført dem til målet.

I de halvannet hundre år som er gått siden hin 9de oktober har minst åtte hundre tusen norske ansikter fulgt i deres kjølvann. De kom flytende over hav i alle slags farkoster, fra seilskip til dampskip, fra Allanlinjen og Danskelinjen til Cunard og Den norske Amerikalinje. De aller fleste kom på tredje klasse eller i 'the steerage', stuet sammen under dekk i usunne, trange, ukomfortable oppholdsrom. De kom vel ikke som *Restauration*'s menn med minner om religiøs undertrykkelse, men mange av dem hadde opplevd armod og sult, slit som ikke førte fram, stengte utveier hjemme. De søkte ikke først og fremst religionsfrihet eller politisk frihet, men frihet fra fattigdom og frihet til å utfolde sine evner i en ny og lovende verden, frihet til å vinne noe i livet.

I dette hav av mennesker har ansiktene lett for å flyte sammen i en grå prosesjon av tall. Historikerne tyr gjerne til statistikk, og det er ikke lite de kan fortelle oss. F.eks. at utvandringen har gått i bølger, for Norges vedkom-

Einar Haugen

NORWEGIAN FACES IN AMERICA

No news photographers were waiting on the pier in New York in 1825 when the sloop *Restauration* docked with the first Norwegian immigrants on board – if only for the simple reason that photography had not yet been invented. What wouldn't we have given now for a picture of these pioneers on their crowded ship, women, children, men, standing by the ship's rail, gazing into the promised land! Their faces were surely serious and intent, for this was a solemn moment, and these good people from Rogaland in Norway had a high resolve. It was really a miracle that they got there at all, loaded to the gunwale, inexperienced at sea, sailing the longest possible route, on board for more than three months. Their leaders had learned from the Quakers who visited them in their English prisons that God was greater than men, and they surely thanked Him in their hearts and their prayers for having brought them safely to their goal.

In the century and a half that has passed since that October 9th, at least eight hundred thousand Norwegian faces have followed in their wake. They floated across the sea in all kinds of vessels, from sailing ships to steamers, from the Allan Line and the Danish Line to Cunard and the Norwegian America Line. Most of them came third class or in the steerage, packed together below deck in crowded, unhealthy, uncomfortable quarters. Unlike the men of the *Restauration*, most of them did not come to escape religious intolerance, but many of them had experienced poverty and hunger, hard labor that led nowhere, lack of opportunities at home. They were not primarily looking for religious or political freedoms, but for freedom from need and the freedom to develop their potentialities in a new and promising world, the freedom to make something of their lives.

In this sea of faces the individuals are all too

mende minst fem, ettersom mulighetene i Amerika ble mer eller mindre lokkende. Fram til borgerkrigens utbrudd i 1861 kom den første bølgen, i alt henimot 70 000 nordmenn på en liten mannsalder. Men det var som ingenting å regne mot de bølgene som fulgte borgerkrigen, da homesteadloven lokket med ufattelige gaver av gratis jord for den som ville slå seg ned og dyrke den. Og i året 1883 nådde utvandringen sin klimaks da mer enn 28 000 nordmenn reiste ut på et eneste år.

Fram til århundreskiftet var det først og fremst jord de norske emigranter hungret etter. De grov seg ned i huler, de satte opp gammer og tømmerhytter, fra Fox River i Illinois, over Wisconsin og Iowa og Minnesota til Sør og Nord Dakota. I rett linje, men med sprang fra sted til sted ettersom grensen flyttet seg mot soleglad.

Og der finner vi deres etterkommere den dag i dag, der de har bitt seg fast i sin rike prærie-jord, mange av dem norske i sinn og skinn etter tre slektledd, kanskje uten engang å ha sett landet deres fedre forlot. De som overlevde alle Vestens landeplager – jordspekulantene, præriebrannene, gresshoppene, uårene, indianernes berettigede vrede – ble holdne folk, solide borgere, jordens salt. Av alle innvandrergrupper i Amerika har nordmennene ytt den høyeste prosent av sitt folk til landbruket. Det var neppe tilfeldig at en av deres sønner, Norman Borlaug fra Iowa, vant Nobels fredspris i 1970 for sitt arbeid i landbruksforskning til hjelp for utviklingslandene. Og dermed er vi i all fall kommet fram til ett ansikt som har løst seg ut av historiens grå masse.

Men disse bondesønnene og -døtrene tok også med seg store stykker av norsk kulturarv. De sørget for at norske menigheter ble organisert, og de fant seg prester og lærere som kunne holde oppe sammenhengen med Norge og den norske kirke. De bygget kirker og dannet kirkesamfunn som bygget skoler og colleges, hvor norsk ble grunnlaget for både religiøs og jordisk lærdom. De sloss om 'den rette trua' fordi det var et livsspørsmål for dem. De skapte seg

easily submerged in a dull procession of numbers. Historians quickly resort to statistics, and they do have some valuable things to tell us. For instance, that emigration came in waves, in Norway's case at least five, reflecting the ebb and flow of American opportunity. The first wave lasted to the outbreak of the Civil War in 1861, bringing with it in one short generation some 70 000 Norwegians. But this was puny compared to the waves that followed the Civil War, when the Homestead Act beckoned alluringly with an incredible gift of free land to any settler who would cultivate it. And in the year 1883 emigration reached its climax when more than 28 000 Norwegians left in a single year.

Down to the turn of the century Norwegian emigrants were primarily hungry for land. They dug themselves into hillsides, they set up sod huts and shacks, from Fox River in Illinois, across Wisconsin, Iowa, and Minnesota, to South and North Dakota. They moved in an almost straight line, leaping from place to place as the frontier headed for the sunset.

Here is where we find their descendants to this day, clinging to their rich prairie soil, many of them still astonishingly Norwegian after three generations, perhaps without ever having seen the land their forefathers left. Those who survived all the tribulations of the West – the speculators, the prairie fires, the grasshoppers, the crop failures, the righteous wrath of the Indians – became prosperous, solid citizens, the salt of the earth. Of all American immigrant groups the Norwegians yielded the highest percentage of their members to agriculture. It was not mere chance that one of their sons, Norman Borlaug from Iowa, won the Nobel Peace Prize in 1970 for his work on agricultural research to benefit developing countries. And now we have at least arrived at a face that has stood out from the gray masses of history.

These sons and daughters of the farm also brought with them large chunks of Norwegian cultural heritage. They saw to it that Norwegian congregations were organized, and they

aviser og fant redaktører med vidsyn og skarpe penner, i et spektrum som spente over alt fra rettroenhet til gudsfornektelse, fra høykirkelighet til haugianisme, fra politisk høyre til venstresyn. Og alt i hop, kirker, skoler, aviser måtte de bygge fra grunnen av, akkurat som hytta på prærien. Men så 'åtte dei tuftene sjølv': kirken var ikke gitt dem av staten, den kom ikke fra oven, nei her kunne de skalte og valte. De kunne til og med tale presten midt imot, og hvis de ikke likte avisbladet, så var det bare å si det opp eller sende inn et Pauli ord.

Fra nittiårene ble utsiktene i landbruket dårligere, og norsk utvandring skiftet karakter. Byene vokste fram, både i Norge og Amerika, som de mest tiltrekkende arbeidsmarkedene. Amerika trengte tusenvis av bygningsarbeidere for å bygge opp de nye storbyene. De som nå kom fant nok å gjøre i byer som Brooklyn og Chicago, Minneapolis og Fargo, Seattle og San Francisco. Og mens tidligere innvandrere oftest hadde kommet som hele familier og til dels i større grupper fra visse strøk, ble det nå mer typisk at enkeltmannen og -kvinnen dro ut for å tjene penger.

Mange av disse hadde nok tenkt seg hjem igjen når de hadde tjent opp en liten formue, men for de fleste ble det med tanken. De fant seg ektemaker og stiftet familier og sluttet seg til nærmeste norske kirke eller forening og fant ut at på den måten kunne livet i storbyen bli utholdelig selv for et norsk friluftsmenneske. Nå kunne norske bydeler vokse fram, som Bay Ridge i Brooklyn og Ballard i Seattle, eller norske gater som North Avenue i Chicago og Cedar Avenue i Minneapolis. Disse ble til små kultursentrer, der en kunne kjøpe norsk mat og norske aviser, og der nye aviser vokste opp som paddehatter, med lesestoff ikke bare om Norge og Amerika, men også om norsk-amerikanerne selv. For det var det de ble, ettersom de fikk en innsats å forsvare i det amerikanske samfunn og samtidig næret et sterkt ønske om å holde sammen med landsmenn.

Men bykoloniene ble mindre varige enn settle-

picked out pastors and teachers to keep alive the bond with Norway and the Norwegian church. They built churches and organized synods that established schools and colleges, where Norwegian became the basis both of religious and secular learning. They argued about 'the true faith' because it was a vital problem to them. They created newspapers and found editors with vision and well-sharpened pens, whose views extended from orthodoxy to atheism, from high to low church, from political conservatism to radicalism. And all this – churches, schools, newspapers – they had to build from the ground up, just like their cabins on the prairie. But then these institutions were their own, not given them by the state from above, their own to run as they pleased. They could even speak up against the pastor, and if they didn't like the paper, they could tell the editor off or cancel their subscription.

In the 1890's prospects in agriculture became less promising and Norwegian emigration changed its character. Cities emerged, in America as in Norway, as the most attractive labor markets. America needed thousands of construction workers to build up the new metropolises. Those who now came found plenty to do in cities like Brooklyn, Chicago, Minneapolis, Fargo, Seattle, and San Francisco. While earlier immigrants had generally come as whole families or even in larger groups from certain districts, it now became typical for the individual man and woman to go off in search of jobs that would earn them money.

Many of these had no doubt planned to go back home as soon as they had put aside a little fortune, but for most of them this did not work out. They found mates and established families and joined the nearest Norwegian church or society, and in this way they found that life in the big city could be tolerable even for outdoor persons like the Norwegians. Then Norwegian colonies could spring up in the cities, like Bay Ridge in Brooklyn and Ballard in Seattle, or Norwegian streets like North Avenue in Chi-

mentene på landsbygda, for norsk-amerikanerne lærte å flytte med sine standsfeller: fra slummen til arbeiderkvarteret til de velstående forstedene. Og i tiåret etter første verdenskrig kom den siste bølgen, kanskje 70 000 i alt, spredt utover landet, særlig i byene. Det var en rik blomstringsperiode i norsk-amerikansk kulturliv, med egen litteratur og kunst og musikk, dramatiske foreninger og mannskor som sang «Når fjordene blåner» og «Landkjenning.» Både i by og på land blomstret de såkalte bygdelagene, der en kunne fornøye seg sammen med sambygdinger. Det var disse som i 1925 gjorde opptakten til å feire hundreårsjubileet for norsk innvandring i Minneapolis. Det ble en storartet mønstring av det beste norsk-amerikanerne hadde frembragt. Men til tross for det håp og den tro som var nedlagt i festen, ble det også litt av en skrinlegging av norsk åndsliv i Amerika.

For nå var det slutt på masseinnvandringen til Amerika, etter eksklusjonslovene av 1920-årene, og det var ikke fritt for at nordmennene også ble rammet av fremmedhatet som ble vakt under verdenskrigen. Og skolevesenet, som gikk helt og holdent på engelsk, la vekt på at alle skulle bli gode amerikanere, iføre seg et nytt menneske og avlegge alt som minte om den gamle etniske personlighet. I dag har stemningen til dels vendt seg, nå gjelder det for mange å gjenfinne sitt tapte selv.

Men hvor ble det av de norske ansiktene? Selv om de for det meste har sluttet å snakke norsk, og selv om de har gått opp i sitt amerikanske liv, er de og deres etterkommere ofte sterkt bevisst om sin norske rot. De holder familiestevner, de reiser til Norge og oppsøker heimplassen, de roter i arkiver og ættebøker. Det hender til og med at de leser norsk ved et universitet eller på et aftenkurs og arbeider seg inn i litteraturen, enten i original eller i oversettelse.

For det meste er de opptatt hver på sin kant med å gjøre sitt arbeid så godt de kan. De har vunnet ry på mange livsbaner, som sportsstjerner, polarforskere, vitenskapsmenn, ingeniører,

cago and Cedar Avenue in Minneapolis. These were cultural centers in miniature, where one could buy Norwegian foods and Norwegian newspapers, and where new newspapers grew like toadstools, bringing news of Norway and America, and of the Norwegian-Americans themselves. For that is what they became, as they gradually acquired a stake in American society while maintaining their wish to associate with countrymen.

But the urban colonies were less enduring than the rural settlements, for the Norwegian-Americans soon learned to move with their social peers: from the slums to the workingmen's districts to the affluent suburbs. In the decade after World War I came the last wave, some 70 000 in all, spread out across the country, mostly in the cities. This was a rich period of flowering in Norwegian-American culture, with a literature, art, and music of their own, societies of all kinds, male choruses that sang the old familiar songs. In town and country flourished the so-called «bygdelag», societies of settlers from a given district in Norway, where they could meet old friends and kinsmen. These societies took the initiative for the 1925 centennial celebration of Norwegian immigration. This gathering in Minneapolis was a magnificent marshalling of the best that Norwegian-Americans had brought forth. But in spite of the hope and faith displayed in that festival, it was also something of a farewell to Norwegian culture in America.

For now mass immigration to America had been brought to an end with the immigration laws of the 1920's, and even the Norwegians were not immune from the anti-foreign hysteria that followed the war. The school system, which was all English, inculcated the importance for everyone of becoming good Americans, who should adopt a new identity and put aside anything that was reminiscent of their old ethnic personalities. Today the mood has changed, with greater emphasis for many of finding once again their lost selves.

lærere, politikere, kunstnere, sangere, forfattere, journalister, admiraler – hvor skal vi stanse? De teller blant seg navn som Veblen, Evinrude, Hustvedt, Rockne, Singstad, Furuseth, Sevareid, Rølvaag, Blegen – navn og ansikter så rotekte norske som de kan bli. Fullt så gjennomsiktig norske er vel ikke navn som Knute Nelson, Floyd B. Olson, Earl Warren, Henry Jackson, ja halvveis Hubert Humphrey – men de hører også med når vi skal regne ut Norges bidrag til Amerikas liv.

Norske ansikter – det er trauste, arbeidsomme, lyse, varme, trofaste ansikter, ikke av de mest lettlivede eller artistiske, men vel verdt å se på. Under den amerikanske ferniss ligger Ola Nordmann, bare du pirker litt borti ham. Og her i denne samlingen kan du se ham i utvikling, fra avreisens sorg til manndommens styrke, fra det gamle til det nye menneske, fra den jevne bonde og arbeidskar til senatoren og nobelprisvinneren.

Dr. Einar Haugen, Victor S. Thomas professor i skandinaviske språk ved Harvard University. Dr. Haugen ble født i Sioux City, Iowa, i 1906. Han er velkjent som forfatter, oversetter og pedagog. Foto Douglas R. Gilbert, 1975.

But where did the Norwegian faces go? Even if most of them no longer speak Norwegian, and even if they have entered fully into American life, they and their descendants are often strongly aware of their Norwegian roots. They have family gatherings, go to visit Norway and look up the old farms, dig into archives and family records. It may even happen that they choose to study Norwegian at university or in an evening course and work their way into the literature, either in the original or in translation.

For the most part they are busy, each in his or her field, doing their jobs as well as they can. They have won fame in many fields, as sports stars, polar explorers, scientists, engineers, teachers, politicians, artists, singers, authors, journalists, admirals – – where should we stop? They include names like Veblen, Evinrude, Hustvedt, Rockne, Singstad, Furuseth, Sevareid, Rølvaag, Blegen – names and faces as authentically Norwegian as possible. Less recognizably Norwegian are names like Knute Nelson, Floyd B. Olson, Earl Warren, Henry Jackson, on his mother's side Hubert Humphrey – but they, too, are part of the contribution that Norway made to American life.

Norwegian faces: solid, hard-working, bright-eyed, warm, faithful faces, not the liveliest or most artistic, but well worth looking upon. Under the American varnish you will find Norwegian granite, if you dig beneath the surface. In this collection you can see them evolving, from the grief of departure to the strength of manhood, from the old person to the new, from the simple farmer and worker to the senator and the Nobel Prize winner.

Dr. Einar Haugen, Victor S. Thomas Professor of Scandinavian linguistics, Harvard University. Dr. Haugen, who was born in Sioux City, Iowa, in 1906, is widely known as an author, translator, and educator. Photograph by Douglas R. Gilbert, 1975.

13

Til den amerikanske pioner

«Og det var som om ingenting bet på folk dengang. De kastet seg blindt ut i det Umulige og utrettet det Utrolige. Hvis noen gikk under i kampen – og det hendte ofte – kom en annen og overtok hans plass. Det var et ungdommelig kappløp; det ukjente, det uprøvde, det utenkelige lå i luften; folk grep tak i det, var som beruset av det, satte alt inn og lo av risikoen. Selvfølgelig var alt mulig. Ordet «umulig» eksisterte ikke lenger. Menneskeheten har ikke sett maken til tro og selvtillit siden jordens begynnelse.»

(Fra Ole Rølvaags skrifter)

To the American Pioneer

«And it was as if nothing affected people in those days. They threw themselves blindly into the Impossible, and accomplished the Unbelievable. If anyone succumbed in the struggle – and that happened often – another would come and take his place. Youth was in the race; the unknown, the untried, the unheard-of, was in the air; people caught it, were intoxicated by it, threw themselves away, and laughed at the cost. Of course it was possible – everything was possible out here. There was no such thing as impossible any more. The human race has not known such faith and such self-confidence since history began.»

(From Ole Rolvaag's ellipses).

14

Oppbrudd. Fotografert ca. 1900 av A. B. Wilse. Norsk Folkemuseum. Anders Beer Wilse (1865–1949) emigrerte til Amerika og arbeidet som jernbaneingeniør og senere fotograf. Wilse reiste tilbake til Norge i 1900. Han var særlig kjent som landskapsfotograf.

Leaving Norway, ca. 1900. Photograph by Anders B. Wilse. Norsk Folkemuseum. (Anders Beer Wilse (1865–1949) emigrated to the United States and started his photographic career while working as a railroad engineer. He returned to Norway in 1900. He won his fame for eminent landscape photography.)

*Emigrantreisens begynnelse. 1906. Fotograf An-
ders B .Wilse. Norsk Folkemuseum.*

*Beginning of the emigrants' voyage, 1906. Photo-
graph by Anders B. Wilse. Norsk Folkemuseum.*

16

«Hebe» av Stavanger, den norske seilskuten som har ført flest immigranter over Atlanterhavet. Foto: Fra «De som dro ut».

«Hebe» of Stavanger, Norway, holds the record for carrying Norwegian emigrants across the Atlantic. Foto: From «De som dro ut».

Emigranter forlater Norge, muligens Christiania (Oslo), 1903. Fotografert av Anders B. Wilse, Norsk Folkemuseum.

Emigrants leaving Norway, possibly Christiania (Oslo), 1903. Photograph by Anders B. Wilse. Norsk Folkemuseum.

18

Ombord «Hellig Olav» på vei til Amerika i 1904. Tidligere overfarter på seilskip var langt vanskeligere og krysning av Atlanteren tok ofte 7 uker.

On board the «Hellig Olav», enroute to America, 1904. Earlier voyages by sailship were much more difficult, often requiring 7 weeks to cross the Atlantic. Photograph by Anders B. Wilse. Norsk Folkemuseum.

Billetter for den videre ferden vestover. Fra billettskranken på Ellis Island, ca. 1890. Fotografert av Lewis Wickes Hine. State Historical Society of Wisconsin. Mange ankom til New York, men det var vel så viktige ankomststeder i Canada. Reisen vestover foregikk for det meste på kanalbåter eller jernbane. De tidligste Illinois-innbyggerne gikk den lange veien fra New York.

Tickets to all points West. The Ellis Island ticket counter, ca. 1890. Although many entered via New York, Canadian entry was equally important. Travel to the West was by canal boat and rail. Many of the early Illinois settlers walked the hundreds of miles from New York. Photograph by Lewis Wickers Hine. State Historical Society of Wisconsin.

20

Underveis til Fosston med okser og kjerre, Polk County, Minnesota, July 7, 1903. Norwegian-American Historical Association.

Ox-team on the way to Fosston, Polk County, Minnesota, July 7, 1903. Norwegian-American Historical Association.

Togreise vestover, Gonvick, Minnesota, ca. 1900.
Norwegian-American Historical Association.

Going west by train, Gonvick, Minnesota, ca.
1900. Norwegian-American Historical Associa-
tion.

På jomfrutur med «Stavangerfjord», Oslo–New York, 16. oktober 1918. «Stavangerfjord» fraktet mange emigranter over Atlanteren. Over en halv million passasjerer i løpet av 45 år og 770 overfarter. Den Norske Amerikalinjes arkiv.

The maiden voyage of the Stavangerfjord, Oslo to New York, October 16, 1918. Stavangerfjord carried many emigrants to America. During its 45 years it made 770 crossings and carried more than one-half million people. Norwegian American Lines Collection.

Jordbruksområde i Norway, Illinois, nær stedet hvor Cleng Peerson slo seg til med de som kom over på sluppen, «Restauration». Fotografert av Douglas R. Gilbert, 1975. Dette området, «The Fox River Settlement», ble det andre norske i Amerika etter Kendall kolonien i Orleans County, New York.

Norway, Illinois, farmland, near the site selected in 1833 by Cleng Peerson, for the passengers of the sloop «Restauration». The site formed the Fox River settlement, the second in America after the Kendall Colony in Orleans County, New York.

24

Fru Beret Hagebak utenfor sitt grastorvhus i Lac Qui Parle County, Minnesota, ca. 1870. Dette var kjent som «skinnbrok-stedet». Reisende pionerer stoppet her for å gi hestene vann og drikke kaffe. *Minnesota Historical Society.*

Mrs. Beret Hagebak outside her sod home in Lac Qui Parle County, Minnesota, ca. 1870. This was known as the «leather breeches place»; pioneer travelers stopped here to water horses and drink coffee. *Minnesota Historical Society.*

I denne tømmerhytta bodde Pastor Ulrik Vilhelm Koren med sin familie da han først kom til Decorah, i nordøstre Iowa i 1853. Fotografert av Douglas R. Gilbert, 1975. Hytta er tatt vare på av Norsk-Amerikansk Museum i Decorah.

When The Reverend and Mrs. Ulrik Vilhelm Koren came to Decorah, Winneshiek County, in northeastern Iowa, in 1853, they lived in this cabin which is now preserved by the Norwegian-American Museum. Photograph by Douglas R. Gilbert, 1975.

26

Elizabeth Koren (1832–1914) kom fra en kulturell bakgrunn til det ville, ubebodde territorium i nordvestre Iowa som ung brud på 21 i 1853. Hun etterlot seg en dagbok hvor hun detaljert beskriver pionerlivets vanskeligheter. Således ble hun en av de norske immigranters første forfattere. The Norwegian-American Museum.

Elizabeth Koren (1832–1914) came from a cultural background to the wild unsettled territory of northeastern Iowa as a young bridge of 21 in 1853. She left behind a diary in which she recorded in great detail the hardships of pioneer life, thus becoming one of the first Norwegian immigrant authors. The Norwegian-American Museum.

27

*Kolera-kirkegård på Denis Houges farm i nær-
heten av Norway, LaSalle kommune, Illinois.
Kolera-epidemien i 1849 tok livet av så mange
pionerer at hvilestedene måtte graves i all hast.
Fotografert av Douglas R. Gilbert, 1975.*

*Cholera Cemetery on the Denis Houge farm
near Norway, LaSalle County, Illinois. The
1849 cholera epidemic killed so many pioneers
that graves had to be dug hastily. Photograph
by Douglas R. Gilbert, 1975.*

Pastoren og menigheten i Gausdal Lutheran Church (Gausdal Lutherske Kirke), New London, Minnesota, 1897. Det var typisk i denne tiden at menn og kvinner satt adskilt. Gausdal Lutheran Church ble grunnlagt 14. februar 1891 av pionerer fra Gudbrandsdalen som slo seg ned på Ringville prærien. Erwin Kalevik Collection.

Pastor and congregation of the Gausdal Lutheran Church, New London, Minnesota, 1897. It is characteristic of this time that men and women all were separated in the congregation. The Gausdal Lutheran Church was organized February 14, 1891, by pioneers who came from Gudbrandsdalen, Norway, and settled on the Ringville Prairie. Erwin Kalevik Collection.

Hjulbåt ved Galena, Illinois, ca. 1852. Båttra-
fikken på elvene var viktig for utviklingen av
«Midtvesten», for den var effektiv og rimelig.
Daguerro fotografi av Alexander Hesler fra
Evanston og Chicago, Illinois. Chicago Histori-
cal Society.

At the levee, Galena, Illinois, ca. 1852. The
traffic on the rivers was important for the de-
velopment of the Mid-West as it was cheap and
effective. Daguerrotype by Alexander Hesler of
Chicago. Chicago Historical Society.

Stavanger American Lutheran Church, Ossian, i nærheten av Decorah, Iowa. Kirken ble grunnlagt i 1854 av 200 immigranter. De nordøstre kommunene utgjorde den norske del av Iowa. Fotografert av Douglas R. Gilbert.

Stavanger American Lutheran Church, Ossian, Iowa. The church was founded in 1854 by 200 immigrants. The northeastern counties have formed the Norwegian bloc in Iowa. Photograph by Douglas R. Gilbert, 1975.

31

Landsby i nærheten av Madison, Wisconsin, 1877. Fotografert av Andreas L. Dahl. State Historical Society of Wisconsin.

Farm village near Madison, Wisconsin, 1877. Photograph by Andreas L. Dahl. State Historical Society of Wisconsin.

32

Familien Ellefson foran det første hjemmet. Hendricks, Minnesota, ca. 1880. Minnesota Historical Society.

Mr. and Mrs. I. Ellefson's early home, Hendricks, Minnesota, ca. 1880. Minnesota Historical Society.

Syttende mai, Norges Grunnlovsdag, feires uten-
for John Larsons tømmerhus, New Richmond,
Minnesota, ca. 1890. Veteraner fra borgerkri-
gen, til venstre på bildet, ga feiringen et verdi-
fullt tilskudd av amerikansk patriotisme. Min-
nesota Historical Society.

Celebrating May 17 (Norwegian Constitution
Day) at John Larson's house, New Richmond,
Minnesota, ca. 1890. Veterans from the Civil
War (left) added an element of American pat-
riotism to the celebration. Minnesota Historical
Society.

Andrew Anderson Tofte rydder nytt land på prærien i nærheten av Madison, Minnesota, ca. 1880. Lawrence Nelson Collection.

Andrew Anderson breaking sod on his new farm near Madison, Minnesota, ca. 1880. Lawrence Nelson Collection.

Ingeborg Folkedahl Johnson og nabogutten, Iver Bang, Lands, Nord Dakota, 1902. Torv ble ofte lagt rundt stua for beskyttelse. *Norwegian-American Historical Association.*

Ingeborg Folkedahl Johnson and neighbor boy Iver Bang, Lands, North Dakota, 1902. Sod was often stacked against the frame structure of a claim shanty giving added shelter and protection. *Norwegian-American Historical Association.*

Vinter i nærheten av Westby, Wisconsin, ca.
1900. Donna Lovstad DeClark Collection.

Winter near Westby, Wisconsin, ca. 1900. Don-
na Lovstad DeClark Collection.

Torvhotellet «Knap Næring» nær Appleton, Minnesota, ca. 1880. James Studio, Benson, Minnesota.

Sod «hotel», the Hotel Knap Naering (hotel of «hard knocks»), near Appleton, Minnesota, ca. 1880. James Studio, Benson, Minnesota.

38

Ingeborg Folkedahl Johnson, stående, serverer søndags ettermiddagskaffe utenfor sitt hjem på prærien, Lands, Nord Dakota, ca. 1902. Norwegian-American Historical Association.

Ingeborg Folkedahl Johnson (standing) serving Sunday afternoon coffee outside her home on the prairie, Lands, North Dakota, ca. 1902. Norwegian-American Historical Association.

Prospektkort fra Carrie Einarson, Inland, South Dakota, 11. mai 1911. Carrie har amerikanisert navnet sitt fra det norske Kari. Hun skriver: «Kjære Clara, jeg sender et billede av hytten og mig selv. Jeg skulle skrevet et brev, men har det for travelt for øieblikket. Hils familien. Din ven Carrie.» Norwegian-American Historical Association.

Postcard from Carrie Einerson, Inland, South Dakota, May 11, 1911: «Dear Clara, I am sending you a picture of my shack and myself. I would write you a letter but I am a little rushed at present. Greet your folks. Your friend Carrie.» Norwegian-American Historical Association.

Peter Froholm, Clarence Rude og Jon Kirkeide fra Nordfjord foran det første hjemmet på egen jord i McKenzie Kommune, Charlson, Nord Dakota, ca. 1903. De arbeidet først for Hans O. Blegen, som oppfordret dem til å prøve seg på egen hånd. Norwegian-American Historical Association.

Peter Froholm, Clarence Rude, Jon Kirkeide, three homesteaders from Nordfjord, Norway, hired men for Hans O. Blegen who encouraged them to strike out for themselves and not to continue to work for others. They homesteaded in McKenzie County, Charlson, North Dakota, ca. 1903. Norwegian-American Historical Association.

41

Typisk prærielandskap fra Murdo, Sør Dakota. Fotograf Douglas R. Gilbert, 1975.

«Hvilket praktfullt nytt Skandinavia kan vel ikke Minnesota bli! Svære vide strekninger med fruktbar jord som venter på plogen. Her er et reneste Kanaans land med innsjøer og elver, skoger og prærier og tilsynelatende uuttømmelige ressurser». Fredrika Bremer, Homes of the New World.

Typical view of the vast rolling prairie land of the Dakotas, near Murdo, South Dakota, Photograph by Douglas R. Gilbert, 1975.

«What a glorious new Scandinavia might not Minnesota become! Wide-stretching fertile land waiting for the touch of the plow. Here is a veritable land of Canaan, with lakes and rivers, woods and prairies, and seemingly boundless resources.» – Fredrika Bremer, Homes of the New World.

Eric Braarud rydder land, Town of Queen, Polk kommune, Minnesota, 8. juli 1903. Norwegian American Historical Association.

Eric Braarud clearing the land, Town of Queen, Polk County, Minnesota, July 8, 1903. Norwegian-American Historical Association.

43

Eric Braarud gjør unna morgenmelkingen, Town
of Queen, Polk Kommune, Minnesota, juli 1903.
Norwegian-American Historical Association.

Eric Braarud doing the morning milking, Town
of Queen, Polk County, Minnesota, July 1903.
Norwegian-American Historical Association.

44

Andrea Manger, Williston, Nord Dakota, skriver: «Hanna, her er jeg med en del av kyllingflokken min. Jeg har nesten 160, men alle møtte ikke til fotograferingen», ca. 1895. Irene Anderson Samlinger.

Andrea Manger, Williston, North Dakota, writes: «Hanna, here I am with part of my chicken flock. I have almost 160, but they didn't all come for the photo.», ca. 1895. Irene Andersen Collection.

Chris Sornson vender torven. Illinois, ca. 1900.
Gladys Geerlings Niemann Collection.

Farmer Chris Sornson turning the sod, probably
central Illinois, 1900. Gladys Geerlings Niemann
Collection.

46

Schoolhous ond Lade Farm p. Fasston Minn. 189.
This Teantry was settlt 1886 od. Timberlan
& only Skandinavien.

Lade farm skolehus, Fosston, Minnesota, 1895. Minnesota Historical Society.

Lade Farm Schoolhouse, Fosston, Minnesota, 1895. Minnesota Historical Society.

Skonnert på «The Great Lakes» ca. 1870. Minnesota Historical Society.
«Nordmenn utgjorde 50 prosent av mannskapene på seilskutene og dampbåtene som seilte på Lake Michigan i årene 1869–70. De mestret seilskutenes vanskelige kunst, de underordnet seg disiplin og hadde seilerens mistro til damp.» Professor Theodore C. Blegen, University of Minnesota.

Schooners on the Great Lakes, ca. 1870. Minnesota Historical Society.
«The Norwegians made up 50 percent of all crews on sailing vessels and steamboats plying Lake Michigan in 1869–70. They brought with them manifest skill in handling sailing vessels. They were amenable to discipline; and they had the sailors' dislike for steam.» – Professor Theodore C. Blegen, University of Minnesota.

En velstående norsk amerikansk familie nær Madison, Wisconsin, fotografert med verdsatte eiendeler. Slike billeder ble ofte sendt til slektninger «hjemme» og ble tatt for å beskrive økende velstand. Fotografert av Andreas L. Dahl. State Historical Society of Wisconsin.

A prosperous Norwegian-American family near Madison, Wisconsin, with some of their prized possessions, ca. 1880. Pictures of this type were often sent to relatives at home and at the same time were taken to preserve historical records of increasing prosperity. Historical Society of Wisconsin.

49

Låvebygging, Rainy River District, Minnesota, ca. 1895. Minnesota Historical Society.

«Så kom de villige naboene med sine økser og hugget og forarbeidet plankene. Disse naboene handlet alltid i overensstemmelse med reglene for gjensidig hjelp og gjestfrihet, og den regelen gjelder like til i dag.» Alfred O. Erickson, Scandinavia, Wisconsin. Norwegian American Studies and Records.

Barnraising, Rainy River District, Minnesota, 1895. Minnesota Historical Society.

«Then came the willing neighbours with their axes, chopping, peeling and ripping into boards. Up went a fine house or a barn. These neighbors always conformed to the rule of reciprocity, helpfulness, and hospitality and that rule continues to this day.»
– Alfred O. Erickson, Scandinavia, Wisconsin, Norwegian American Studies and Records.

Høstpløying i nærheten av LaCrosse, Wisconsin,
ca. 1911. Borghild L. Olson Samlingen.

Fall plowing, near LaCrosse, Wisconsin, 1911.
Borghild L. Olson Collection.

51

Skjæring av korn med en spesiell amerikansk
ljå. Ljåen samlet aksene og lettet buntingen.
Mannen som bøyer seg på bildet er Peter Peter-
son.
Hans far Isak Lyskjønd Peterson emigrerte til
Wisconsin fra Telemark i 1867. Scandinavia,
Wisconsin, Ca. 1908. Mr. & Mrs. Arlie Knutson
Collection.

Cutting grain with the American cradle scythe
wich had the advantage of gathering the grain
quickly for tying into bundles. The picture
shows Peter Peterson, bending over, and a
neighbor. Peter Peterson's father, Isak Lyskjønd
Peterson emigrates to Lodi, Wisconsin from Te-
lemark in 1867. Scandinavia, Wisconsin, ca.
1908. Mr. & Mrs. Arlie Knutson Collection.

Slåttonn i Nord Dakota, ca. 1905. Med hjel-
pende hender og godt naboskap gikk onnen raskt
unna. Minnesota Historical Society.

Haying with the help of neighbors, probably
North Dakota, 1905. Minnesota Historical So-
ciety.

Skuronn, Scandinavia, Wisconsin, 1908. Herr og fru Arlie M. Knudson Samling.

Harvesting grain, Scandinavia, Wisconsin, 1908. Mr. and Mrs. Arlie M. Knutson Collection.

Jernbanearbeidere på en dresin i nærheten av Madison, Wisconsin, ca. 1880. Fotografert av Andreas L. Dahl. State Historical Society of Wisconsin.

Railroad workers on a handcar, Madison, Wisconsin vicinity, ca. 1880. Photograph by Andreas L. Dahl. State Historical Society of Wisconsin.

Liten stasjon i nærheten av Madison, Wisconsin, 1875. Fotografert av Andreas L. Dahl. State Historical Society of Wisconsin.

Whistle stop near Madison, Wisconsin, ca. 1875. Photograph by Andreas L. Dahl. State Historical Society of Wisconsin.

56

Fotograf Andreas Larson Dahl, immigrant fra Valdres i 1869, ble i 1873 profesjonell fotograf. Han avbildet norsk-amerikaneres liv i Madison, Wisconsin området, i 1870–1880 årene. Dahl er her fotografert av en assistent foran det gamle Wisconsin State rådhuset. State Historical Society of Wisconsin.

Andreas Larsen Dahl, immigrant from Valdres, Norway and pioneer photographer, recorded life of Norwegian-Americans in the Madison, Wisconsin area, in the 1870's and 1880's. Photographed here by an assistant in front of the old Wisconsin State Capitol. State Historical Society of Wisconsin.

Gulbransen-brødrene, Axel (fiolin) og Christian (fransk horn), begge til høyre, i en Mendota, Illinois sekstett ca. 1880. Axel og Christian kom fra Christiania (Oslo), og var grunnleggere av Gulbransen-kompaniet, fabrikanter av piano og Gulbransenorgel. Pastor Arthur E. Enquist Samling.

Gulbransen brothers, Axel (violin) and Christian (French horn), both on the right, in a Mendota, Illinois, sextet, ca. 1880. Axel and Christian came from Christiania (Oslo), Norway, and were the founders of the Gulbransen Company, manufacturers of the player piano and more recently the Gulbransen organ.
The Reverend Arhur E. Enquist Collection.

Emanuel og Georg (eller Jørgen) Edmonson, sjø-
menn under borgerkrigen, kom opprinnelig fra
Tønsberg, Norge. Navnet Edmonson var tatt
etter ankomsten til Amerika. Georg, til høyre,
tjenstgjorde i den amerikanske Marine fra 1858,
under hele borgerkrigen, og til 1865 da han
bosatte seg i Chicago. Emanuel seilte i Mari-
nen fra 1862, måtte amputere venstre armen
etter kampen i 1863. Etter dimitering i 1864
bosatte han seg i Brooklyn, New York. Fra
George Edmonsons Samling.

Civil War seamen, Emmanuel and George Ed-
monson, natives of Tønsberg, Norway, 1862.
George Emondson Collection. The name Ed-
monson was adopted after their arrival in
America. George, to the right, served in the Ame-
rican Navy from 1858 during the whole Civil
War until 1865 when he settled in Chicago.
Emmanuel, who served in the Navy from 1862,
had to amputate the left arm after the battle in
1863.

Oberst Hans Christian Heg, født i Lier i 1829. Emigrerte til Muskego, Wisconsin i 1840. Han gikk inn i Unionshæren som oberst i 1861 og ledet det berømte 15. Wisconsin Regimentet, bestående av frivillige norsk-amerikanere fra Wisconsin, Minnesota og Illinois. Oberst Heg døde 20. september, 1863 av sår han hadde pådratt seg under kampene ved Chicamauga, Georgia. Dette bildet av oberst Heg i uniform er tatt av maleriet av den norske immigrantkunstneren Herbjorn Gausta (1854–1924). Norwegian-American Museum.

60

Colonel Hans Christian Heg, born 1829 in Lier, Norway, Emigrated to Muskego, Wisconsin in 1840. In September 1861 he entered the Union Army as Colonel and headed the famed 15th Wisconsin Regiment comprised of Norwegian-American volunteers from Wisconsin, Minnesota and Illinois. Colonel Heg died September 20, 1863, from wounds suffered at the Battle of Chickamauga, Georgia. This picture of Colonel Heg in uniform is taken from the painting by Norwegian immigrant artist Herbjørn Gausta (1854–1924). Norwegian-American Museum.

Knute Nelson (1843–1923). Født på Voss. Nelson kom til De Forente Stater som seksåring i 1861. Han tjenstgjorde i Unionshæren i tre år under Borgerkrigen som menig og underoffiser i 4. Wisconsin Frivillige Regiment og senere i 4. Wisconsin Kavaleri. Ble såret under beleiringen av Port Hudson, Louisiana. Gikk inn i juristyrket i 1867 og ble interessert i politikk, ble i 1895 utpekt som det første skandinaviske medlem av de Forente Staters Senat og gjenvalgt for fire perioder inntil sin død i 1923. Minnesota Historical Society.

Knute Nelson (1843–1923). Born in Voss, Norway, Nelson came to the United States at the age of six. In 1861, at the age of 18, he enlisted for three years in the Union Army in the Civil War serving as a private and non-comissioned officer in the 4th Wisconsin Volunteer Regiment and later in the 4th Wisconsin Cavalry. Was wounded at the siege of Port Hudson, Louisiana. Entered the law profession in 1867 and became interested in politics, was appointed in 1895 as the first Scandinavian member of the United States Senate and re-elected for four consecutive terms, serving until his death. Minnesota Historical Society.

«Høydepunktet i den tidlige norsk-amerikanske emigrasjon ble nådd i 1861, i borgerkrigens første fase. De norske innvandrerne, unge som gamle, reagerte aktivt og med begeistring på President Lincolns appell om frivillige» – Professor C. Blegen, University of Minnesota.

Gjenforening av norske immigrant-veteraner fra Borgerkrigen, Madison, Wisconsin, ca. 1880. Fotografert av Andreas L. Dahl. State Historical Society of Wisconsin.

«The highest point in the earlier Norwegian-American emigration was reached in 1861, in the opening phases of the American Civil War. New and old, the Norwegian immigrant responded cheerfully and with enthusiasm to President Lincoln's call for volunteers. Professor T. C. Blegen, University of Minnesota.

Reunion of Norwegian immigrant Civil War veterans, Madison, Wisconsin, ca. 1880. Photograph by Andreas L. Dahl. State Historical Society of Wisconsin.

Smed Johan Mickelson født 1843 i Land i Norge, kom til Amerika med familien i 1870. Han åpnet ei smie i «Gamle Byen», Westby, Wisconsin. Donna Lovstad DeClark Collection.

The blacksmith Johan Mickelson was born in 1843 in Land, Norway. He arrived in America with his family in 1870 and opened a blacksmith shop in the old town, Westby, Wisconsin. Donna Lovstad DeClark Collection.

Bryllupsdag i nærheten av Madison, Wisconsin, ca. 1880. Fotografert av Andreas L. Dahl. State Historical Society of Wisconsin.

Wedding Day near Madison, Wisconsin, ca. 1880. Photograph by Andreas L. Dahl. State Historical Society of Wisconsin.

64

Nordmenn med indianernaboer. Bestyreren på kornsiloen (til høyre) og stasjonsmesteren (med skalk). Kathryn, Nord Dakota, 1909. Hedmarksmuseet og Domkirkeodden, Hamar.

Manager of the grain elevator (far right) and station master (center, with derby) with Indian friends, Kathryn, North Dakota, 1909. Hedmarksmuseet og Domkirkeodden, Hamar.

Tømmerleir i øvre Michigan, ca. 1905. Marcella Olson Dieck Samlingen.

Logging camp in Michigan's Upper Peninsula, 1905. Photograph by B. G. Ford. Marcella Olson Dieck Collection.

Tømmerlass til Verdensutstillingen. Skogbruker Tomas Nester transporterte lasset til Ontonogun-elva i Michigan, 26. februar 1893. Lasset utstilt i Chicago under Verdensutstillingen, det største noensinne trukket av 2 hester, besto av 36,055 «feet», var over 10 meter høyt og veide 144 tonn. Ni jernbanevogner måtte til for transporten inn til Chicago. Fotograf G. A. Werner. Rolf H. Erickson Samling.

World's Fair Load of Logs, 36, 055 feet, hauled by the estate of Thomas Nester, to the Ontonogan River, Michigan, February 26, 1893, and exhibited in Chicago at the World's Fair as the largest load of logs ever hauled in the world and hauled by one team. Height of load 33 feet 3 inches, weight of logs 144 tons. Hauled on bunks 16 feet long. Nine flat cars were required to convey the logs to Chicago. Photograph by G. A. Werner. Rolf H. Erickson Collection.

Øksene slipes i koja om kvelden. Nord Minne-
sota, ca. 1890. Minnesota Historical Society.

*Sharpening axes in the lumber camp bunkhouse
at night. Probably northern Minnesota, 1890.
Minnesota Historical Society.*

Bruk av en tverrskurd sag i en Nord-Wiscon-
sin furuskog, 1900. State Historical Society of
Wisconsin.

Using a crosscut saw in a northern Wisconsin
pine forest, 1900. State Historical Society of
Wisconsin.

Ole Emersons tømmerleir, vinteren 1905. State
Historical Society of Wisconsin.

Northern Wisconsin lumber camp, mid-winter.
Possibly Ole Emerson's camp, 1905. State His-
torical Society of Wisconsin.

«Krambua» dro fra tømmerleir til tømmerleir nedover Wisconsin-elva, 1900. State Historical Society of Wisconsin.

Logging camp store shooting the rapids on the Wisconsin River, 1900. State Historical Society of Wisconsin.

71

Utstyrsforretning i Nord-Minnesota tømmerleir, ca. 1910. Telefonen gjorde slutt på noe av ensomheten under leiroppholdet. Minnesota Historical Association.

North Minnesota lumber camp store, ca. 1910. The telephone reduced the feeling of isolation during the stay in the camp. Minnesota Historical Association.

Spøk og moro under oppvasken, tømmerleir i Nord-Wisconsin, 1890. George T. Christensen Collection.

Clowning around, doing dishes in the lumber camp, northern Wisconsin, 1890. George T. Christensen Collection.

Søndagsmoro. Radissonleiren i Wisconsin, ca. 1900. State Historical Society of Wisconsin.

Logging camp, Radisson, Wisconsin, ca. 1900. State Historical Society of Wisconsin.

74

«Tømmerrulling» i Nord-Minnesota, ca. 1925.
Minnesota Historical Society.

The American sport of log rolling. Probably
northern Minnesota, ca. 1925. Minnesota Histo-
rical Society.

Suring Sagbruk, Wisconsin, 1910. Marcella Olson Dieck Samlingen.

Saw mill of Suring, Wisconsin, 1910. Marcella Oslon Dieck Collection.

Alt klart til middagsserveringen. Sultne tømmerhuggere blir møtt av kokker og fiolinmusikk. Nord-Wisconsin, ca. 1910. State Historical Society of Wisconsin.

Tømmerhuggerne satte til livs en mengde mat. Det ble sagt lite under måltidet, men til gjengjeld ble det spist desto mere av kraftig kost: flesk, salt kjøtt, bønner, poteter, brød, puddinger osv.

Dinner about to be served; cooks and fiddlers awaiting the men in a logging camp mess hall in northern Wisconsin, ca. 1900. State Historical Society of Wisconsin.

«The lumberjack consumes a tremendous amount of food. At the meal, there was little talking, the room was still except for the 'chomping of jaws' and occasionally violins. It was the usual strong fare: more pork, salted beef, beans, potatoes, bread, tea and coffee, apple sauce, rice pudding etc.» – Agnes M. Larson, Professor, St. Olaf College.

77

«Krambua» gikk nedover elva sammen med tømmeret, Wisconsin-elva, ca. 1900. State Historical Society of Wisconsin.

Logging company store, probably Wisconsin River, 1900. State Historical Society of Wisconsin.

78

Tømmerjigg – Wisconsin-elva, ca. 1900. Foto-grafert av H. H. Bennett. H. H. Bennett Studio, Wisconsin Dells, Wisconsin.

Logging jig, possibly Wisconsin River, 1900. Photograph by H. H. Bennett, The H. H. Ben-nett Studio, Wisconsin Dells, Wisconsin.

Tømmerfløting på Wisconsin-elva, ca. 1900. Fotografert av H. H. Bennett. H. H. Bennett Studio, Wisconsin Dells, Wisconsin.

Taking logs down the Wisconsin River, ca. 1900. Photograph by H. H. Bennett, The H. H. Bennett Studio, Wisconsin Dells, Wisconsin.

80

Fløtere i Wisconsin-elva, ca. 1910. H. H. Bennett, H. H. Bennett studio, Wisconsin Dells, Wisconsin.

Raftsmen, hand spiking a lumber raft off a bar, probably Wisconsin River, 1900. Photograph by H. H. Bennett, The H. H. Bennett Studio, Wisconsin Dells, Wisconsin.

Lossing av favneved, Milwaukee havn, 1880. Fotografert av H. H. Bennett, H. H. Bennett Studio, Wisconsin Dells, Wisconsin.

Unloading cord wood, probably Milwaukee harbour, 1880. Photograph by H. H. Bennett, The H. H. Bennett Studio, Wisconsin Dells, Wisconsin.

82

Sjøsetting, Manitowoc, Wisconsin, 1880. State
Historical Society of Wisconsin.

Ship launching, possibly Manitowoc, Wisconsin,
1880. State Historical Society of Wisconsin.

«Lake»-skonnerten Emma L. Nielsen, bygget
1883 i Manitowoc, Wisconsin. Denne tremas-
teren hadde «Clipper» skrog og den typiske
«Lake»-riggen som tillot raske manøvre i den
skiftende vinden. Det triangulære seilet på for-
masten var kalt «Raffy» og ble brukt av norske
sjøfolk i Door County og i området rundt
Washington, også i Wisconsin. State Historical
Society of Wisconsin.

The Great Lakes Packet schooner «Emma L.
Nielsen» built in Manitowoc, Wisconsin, in
1883. This graceful three master, had a clipper
hull and the special «Great Lakes rig» to enable
quick wear and tack in rapidly shifting winds.
The triangular «Raffy» on the foremast was
typical for the Norwegians in the Door County,
Washington Island area. State Historical Socie-
ty of Wisconsin.

Etter utskjei, Milwaukee havn, Wisconsin, 1880.
Fotografert av H. H. Bennett, H. H. Bennett
Studio, Wisconsin Dells, Wisconsin.

Sailors at rest, probably harbor at Milwaukee,
Wisconsin, 1880. Photograph by H. H. Bennett,
The H. H. Bennett Studio, Wisconsin Dells,
Wisconsin.

Fisker Ole Weborg, Sturgeon Bay, Wisconsin, 1910. Gladys Geerlings Nieman Samling.

Ole Weborg mending his gill net, probably Sturgeon Bay, Wisconsin, 1910. Gladys Geerlings Niemann Collection.

Midtoe Forest River Kirke, Dahlen, Nord Dakota, 1904. Norwegian-American Historical Association.

The Midtoe Forest River Church, Dahlen, North Dakota, 1904. Norwegian-American Historical Association.

Den berømte norske fiolinisten Ole Bull (1810–1880). Kjent for sine inspirerende konserter over hele Amerika i 1850-årene så vel som den ulykksalige kolonien Oleana. David R. Phillips Samling.

Famed Norwegian Violinist Ole Bull (1810–1880), known for his inspiring concerts throughout America in the 1850's, as well as the doomed utopian colony, Oleana. David R. Phillips Collection.

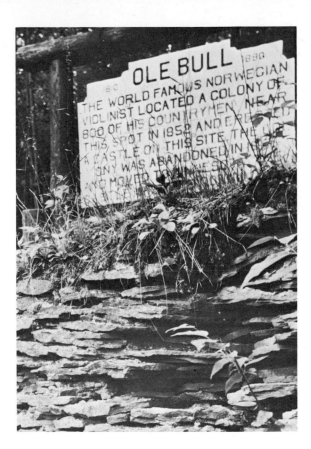

Minnesmerke i «Ole Bull State Park»
i Pennsylvania som beretter om Ole
Bulls planer om en norsk koloni, New
Norway.

Sign at «Ole Bull State Park» in Penn-
sylvania telling about Ole Bull's plans
for a Norwegian colony «New Nor-
way».

Den gjenværende mur til terrassen som Ole Bull
hadde planer om å bygge til sitt hus i New
Norway i Allegheny Mountains i Pennsylvania
i 1850-årene. Utsikt over dalen hvor han hadde
planer om å bygge byen New Bergen.

The Remaining foundation of the terrace on
which Ole Bull was going to build his castle in
his «New Norway» in the Allegheny Mountains
in Pennsylvania in the 1850's. Looking over the
valley in which he planned to build the town
«New Bergen».

Pastor Ole Nilsens konfirmasjonsklasse, 1890, The United Lutheran Church, Scandinavia, Wisconsin. Fotografert av Knudsen. Laila Nilsen Ames Samling.

The 1890 Confirmation Class of Pastor Ole Nilsen, The United Lutheran Church, Scandinavia, Wisconsin. Photograph by Knudsen. Laila Nilsen Ames Collection.

De nygifte Signe og Anton Kolderup (bryllups-dato 20. april 1894) i sitt nye hjem, Chicago, Illinois. Dr. Alf H. Altern Samling.

Newlyweds Signe and Anton Kolderup (married April 20, 1894) in their new home, Chicago, Illinois. Dr. Alf H. Altern Collection.

«Emigrantene var ikke sene om å skaffe seg en
prest når de kom frem; de fleste av dem var
dypt religiøse og rede til å ofre mye for kirken.»
– Einar Haugen, professor ved Harvard Uni-
versitet.

Mikkel Berg, medlem av Perry Lutherske Menig-
het, Mount Horeb, Wisconsin, ca. 1900. Nor-
wegian-American Historical Association.

«The emigrants were quick to seek means to
provide for a clergy after their arrival; most of
them were sincerely religious and willing to make
sacrifices for their church.»   –Einar Haugen,
Professor, Harvard University.

Mikkel Berg, a member of the Perry Lutheran
Congregation, Mount Horeb, Wisconsin, at his
evening devotions, ca. 1900. Norwegian-Ameri-
can Historical Association.

Hjulbåt, Milwaukee havn, Wisconsin 1880. State Historical Society of Wisconsin.

Paddle wheel steamboat, possibly in the harbor at Milwaukee, Wisconsin, 1880. State Historical Society of Wisconsin.

«Trick»-fotografi, kanskje laget for å imponere folk hjemme om hvor gode avlingene var i Amerika, Warwick, Nord Dakota, 1909. Thelma Ramseth Thompson Samling.

Trick photography perhaps meant to «impress» the people at home about just how good the crops were in America, Warwick, North Dakota, 1909.
Thelma Ramseth Thompson Collection.

94

Tre elegante damer i kaffeselskap, Richmond, Wisconsin, 1880. De fleste emigrantmedsøstre fra denne tiden levde et langt mer primitivt pioner-liv. Fotografert av Bannister, Norwegian-American Historical Association.

These three elgant ladies having a coffee party in Richmond, Wisconsin, ca. 1880, dramatically contrast to their other immigrant sisters who were, at this time, experiencing primitive pioneer conditions. Photograph by Bannister. Norwegian-American Historical Association.

Senator fra Minnesota, Knute Nelson (1843–
1923) med familie og venner, ca. 1910. Emi-
granten fra Voss ble en innflytelsesrik politiker
i Amerika. Minnesota Historical Society.

United States Senator from Minnesota, Knute
Nelson (1843–1923) with family and friends,
ca. 1900. This immigrant from Voss became a
powerful politician in America. Minnesota His-
torical Society.

*Å vokse opp i Kathryn, Nord Dakota, 1910.
Kornsiloene i bakgrunnen lå langs jernbanelinjen.
Hedmarksmuseet og Domkirkeodden, Hamar.*

*Growing up in Kathryn, North Dakota, 1910.
The elevators in the background stand along
the railroad line. Hedmarksmuseet og Domkir-
keodden, Hamar.*

Rasmus Bjørn Anderson (1846–1936), forfatter, pedagog og historiker. Norwegian-American Museum. «I flere tiår var Anderson midtpunkt for de norske immigranters kulturelle liv. Det var faktisk han som mer. enn noen vekket deres interesse for deres rike arv og deres folks historie på begge sider av Atlanteren.» Lloyd Hustvedt: Rasmus Bjørn Anderson, 1966.

Rasmus Bjørn Anderson (1846–1936), author, educator and historian. Norwegian-American museum. «For several decades Anderson was the very 'hub' around which the cultural life of the Norwegian immigrants turned. It was he, in fact, who more than anyone else aroused in them an early interest in their rich heritage, and in the history of their people on both sides of the Atlantic.» – Lloyd Hustvedt: Rasmus Bjørn Anderson (1966).

Ole H. Høiby (til høyre), oppfinner av den
sammenleggbare kano, med venner på camping-
tur på Lake Independence, Minnesota, ca. 1905.
Minnesota Historical Society.

Ole H. Hoiby (on right), inventor of the collap-
sible canoe, with friends on a camping trip on
Lake Independence, Minnesota, ca. 1905. Min-
nesota Historical Society.

På skøyter, Silver Lake, Scandinavia, Wisconsin
1908. Mr. and Mrs. Arlie M. Knutson Samling.
Fra venstre: Clara Olson Omit, Peter H. Peter-
son (med skalk), Miss Thorson, Magda Olson,
Glen Thorson, Walter Anderson, Alvin Olson,
Pearl Anderson, Anna Peterson Krostue, Alton
Anderson og Martin Peterson.

Skating party on Silver Lake, Scandinavia, Wis-
consin, 1908. Left to right: Clara Olson Omit,
Peter H. Peterson (in Derby), Miss Thorson,
Magda Olson, Glen Thorson, Walter Anderson,
Alvin Olson, Pearl Anderson, Anna Peterson
Krostue, Alton Anderson and Martin Peterson.
Mr. and Mrs. Arlie M. Knutson Collection.

Ingeborg Helgesdatter Naevra, fru Erick Olson (1831–1916), født i Sigdal, Norge, emigrerte til Amerika i 1867, slo seg ned i Manitowoc County, Wisconsin. Flyttet igjen i 1874 med sine åtte barn til Shawano County. Fotografert av Harold Blom. Rolf H. Ericksen Samling.

Ingeborg Helgesdatter Naevra, Mrs. Erick Olson, (1831–1916) born in Sigdal, Norway; emigrated to the United States in 1867 to Manitowoc County, Wisvonsin; again pioneered in Shawano County, Wisconsin in 1874; mother of eight; Photograph by Harold Blom. Rolf H. Erickson Collection.

101

Ingeborg Helgesdatter Naevra med barn og barnebarn på gården til Peter Anderson Jommen, Maple Grove, Shawano, Wisconsin 1912. Sittende fra venstre mot høyre: Erling Blom, Harald Erickson, Helen Erickson, Ludwig Blom, Chester Erickson, Inga Erickson, Olga Erickson, Andrew Erickson, Harold Blom, Carl Erickson, Harris Broen, Peter Jommen, Ingeborg Naevra, Lena Erickson, Lillian Bietz, Kjersti Erickson Jommen, Viola Anderson, Charlotte Bietz, Marvin Johnson, Clarence Anderson, Arthur Anderson, Bertha Anderson. (Stående): Stanley Ramsett, Tinus Johnson, Niels Erickson, William Severson, Peter Erickson, Elmer Erickson, Melvin Erickson, Mary Kvaley Erickson, Ruth Jommen, Anton Jommen, Clarence Erickson, Edward Jommen, Edith Lutsey Jommen, Mrs. William Bietz, Edwin Erickson, Charles Bietz, William Bietz, Alice Bietz, Celine Jommen Bietz, Axel Blom, Anton Blom, Caroline Jommen, Hans Erickson, Karen Ramseth Erickson, Esther Erickson, Hannah Erickson Blom, Clayton Johnson, Ida Jommen Johnson, Caroline Erickson Broen, Oliver Johnson, Ludwig Johnson, Gunder Broen, Ragnhild Jommen Erickson, Hilda Erickson, Mayme Thompson Anderson, Edward Anderson Jommen, Irene Anderson, Helge Erickson. Harold Blom Collection.

Ingeborg Helgesdatter Naevra with her children and grandchildren at a family picnic at the Peter Kjersti Jommen farm, Maple Grove Township, Shawano County, Wisconsin, 1912. Harold Blom Collection.

På fisketur ved Hill City, Black Hills området,
Syd Dakota, 1906. Irwin og Toka Weinberg
Samling.

Mother and children fishing, Hill City, South
Dakota, 1906.
Irwin and Toka Weinberg Collection.

Den yngste sønn av B. Severson begraves, Blanchardville, Wisconsin, ca. 1904. På bildet sees «undertaker» Ole Sæther, blomsterpikene Martha Nyhus, Annie Kittleson, Beulah Folkedahl og Nora Lindokken, og «pall-bearers» Nelson Venden, Morris Berg, Casper Siveggsen, Jacob Syftestad, Doel Brusveen og Selmer Syftestad. Norwegian-American Historical Association.

Funeral of the youngest son of B. Severson, Blanchardville, Wisconsin, ca. 1904, with Undertaker Ole Saether, Flowergirls Martha Nyhus, Annie Kittleson, Beulah Folkedahl, Nora Lindokken and Pallbearers Melvin Venden, Morris Berg, Casper Siveggsen, Jacob Syftestad, Doel Brusveen and Selmer Syftestad. Norwegian-American Historical Association.

*Rhame, Nord Dakota, 1917. Fru C. William
Olson Samling.*

*Rhame, North Dakota, 1917. Mrs. C. William
Olson Collection.*

*Pioneer treskefirma gjorde avtaler med gård-
brukeren i Nord Dakota for hveteinnhøstingen,
1910. Fra venstre: ukjent, ukjent, Tom Fugel-
stad, A. Hanson, Jon Amundson, Lloyd Powell,
Lars Larson, ukjent, Peder Dahl, ukjent, Lewis
Osstedahl, ukjent, ukjent, Adolf Kadelbach,
ukjent. Den 5-år gamle gutten i første rekke
er Ken Murray, mannen med øsen, Jon Moord.
Fotografert av Booen. Ken Murray Samling.*

*The Pioneer Threshing Company contracted
with farmers in North Dakota for the harvest-
ing of the farmers' wheat, 1910. Photograph by
Booen. Ken Murray Collection.*

*Ringsaker Lutherske Kirkekor, Cooperstown,
Nord Dakota, ca. 1910. Ved orgelet: Bertha
Skofstad. Bakerste rekke: Isabel Johnson, frk.
Skofstad, Peter Overby, Casper Overby. Første
rekke: Helen Skramstad, Anton Skramstad, Al-
bert Johnson. Norwegian-American Historical
Association.*

*Ringsaker Lutheran Church Choir of Coopers-
town, North Dakota, ca. 1910. At organ: Bertha
Skofstad. Top row: Isabel Johnson, Miss Skof-
stad, Peter Overby, Casper Overby. First row:
Helen Skramstad, Anton Skramstad, Albert
Johnson. Norwegian-American Historical Asso-
ciation.*

Søndagspussen? Tre unge menn fra Willmar, Minnesota, ca. 1895. C. A. Beklund, fotograf. Norwegian-American Historical Association.

Sunday best? Three young men from Willmar, Minnesota, possibly 1895. C. A. Beklund Photographer. Norwegian-American Historical Association.

Kontorene for avisen Norden, Skandinavisk bokhandel, reisebyrå, bank, Notarius Publicus, Norsk Konsul Svanoe og J. T. Rehling & Co., 415 Milwaukee Avenue, Chicago, Illinois, 1890. Gladys Geerling Niemann Samling.

The offices of the newspaper Norden, Scandinavian bookstore, travel agency, bank, notary public, Norwegian Consul Svanoe and J. T. Relling & Co. 415 Milwaukee Avenue, Chicago, Illinois, 1890, Gladys Geerling Nieman Collection.

Olaf Petersons slakterbutikk, Gilett, Wisconsin, ca. 1900. Rolf H. Erickson Samling.

Olaf Peterson's butcher shop, Gillett, Wisconsin, ca. 1900. Rolf H. Erickson Collection.

110

Tre unge innbyggere av LeRoy, Minnesota, ca. 1890. Fotografert av Hoseth. Norwegian-American Historical Association.

Three young citizens of LeRoy, Minnesota, ca. 1890. Photographed by Hoseth. Norwegian-American Historical Association.

Medlemmer av Valdres-Sambandet, en forening med emigranter fra Valdres i Minneapolis og Minnesota, 1915. Ca. 50 bygdelag eksisterte i årene 1890–1930. Foreningene ga medlemmene anledning til å minnes og bevare tradisjonen fra gamlelandet. Norwegian-American Historical Assosiation.

Members of the Valdres Samband, a society of Norwegian-Americans descended from emigrants from the valley of Valdres, 1915. Probably Minneapolis, Minnesota. Close to half a hundred «bygdelags» or associations of immigrants from old country communities existed between the 1890's and 1930's giving Norwegian-Americans a means of maintaining regional Norwegian cultural and social patterns. Norwegian-American Historical Association.

Manitowoc, Wisconsin havn, 15. mai 1897, godsvogner. State Historical Society of Wisconsin.

Manitowoc, Wisconsin, harbor, May 15, 1897, with the Chicago and North Western Railway freight yards in the foreground. State Historical Society of Wisconsin.

John Martin Pedersen, foran sitt begravelses-
byrå, Armitage Avenue, Chicago, Illinois, 1898.
Herr Pedersen var født i Kristiansund i 1871 og
kom til USA i 1892. John M. Pedersen & Sons.
Inc. Samling.

John Martin Pedersen, a native of Kristiansund,
Norway, in front of his funeral parlor, Armi-
tage Avenue, Chicago, Illinois, 1898. Mr. Pe-
dersen was born in 1871 and came to the U.S. in
1892. John M. Pedersen & Sons, Inc., Collec-
tion.

114

Brynild Anundsen (død 1913), grunnlegger og redaktør av Decorah Posten. Født i Skien i 1844, kom til Amerika i 1864. Decorah Posten, en meget respektert avis, ble lest over hele USA i 99 år. Norwegian-American Museum.

Brynild Anundsen (died 1913), founder and editor of Decorah Posten, the largest Norwegian newspaper widely respected for its quality. Founded in 1874; ceased publication in 1973. The Norwegian-American Museum.

St. Olaf College orkester, Northfield, Minnesota, ca. 1910. Dirigent F. Melius Christiansen bragte heder til det lille college ved en konsert turne i Norge i 1906. Norwegian-American Historical Association.

St. Olaf College band, Northfield, Minnesota, ca. 1910. Director F. Melius Christiansen brought fame to the small college with a concert tour in Norway in 1906. Norwegian-American Historical Association.

116

«Baseball» var en populær sport blant studentene ved Luther College, Decorah, Iowa, ca. 1900.

«Studentene ved Luther College var underlagt strikte regler og ble stadig minnet om at «Gudsfrykt er begynnelsen til all visdom». Farting omkring i byen var mislikt og restaurantbesøk forbudt. De måtte rense lamper og hugge ved og stå opp kl. 6 om morgenen til frokost og bønn.» Bibliotekar O. M. Hovde, Luther College.

Baseball was a popular sport of the students at Luther College, Decorah, Iowa. Ca. 1900.

«The students at Luther College, Decorah, Iowa, were under strict rules and regulations, continualy reminded that 'The fear of God is the beginning of Wisdom.' 'Lounging about town' was frowned upon, and visits to a tavern forbidden. They had to clean lamps and chop wood and get up at 6 AM for breakfast and devotions.» –Librarian O. M. Hovde, Luther College.

117

Fortaustøping, Kilborn, Wisconsin, ca. 1910. Fotografert av H. H. Bennett, H. H. Bennett Studio, Wisconsin Dells, Wisconsin.

Laying cement sidewalk downtown Kilbourn, Wisconsin, ca. 1910. Photograph by H. H. Bennett, The H. H. Bennett Studio, Wsiconsin Dells, Wisconsin.

Lærerinne Marta Gjermo fra Ålesund, fotografert i Decorah, Iowa, ca. 1900. The Norwegian-American Museum.

Teacher Marta Gjermo, from Ålesund, Norway, photographed in Decorah, Iowa, ca. 1900. The Norwegian-American Museum.

Barbersalong, Madison, Wisconsin, 1875. Foto-grafert av Andreas L. Dahl, State Historical Society of Wisconsin.

Barber shop, Madison, Wisconsin, 1875. Photo-graph by Andreas L. Dahl. State Historical Society of Wisconsin.

120

«Marie Jenson – min oldemor – med sin sykkel da hun underviste i folkeskolen nær St. James i 1890-årene. Skoleåret var bare på 6 måneder. Hun tjente 30 dollar i måneden. Da hun giftet seg med Iver Jenson i 1900, solgte hun sykkelen for å kjøpe hagegjerde til deres nye farm. De hadde tre døtre, som alle ble lærerinner. Noen av oss i 3. og 4. generasjon går også inn for læreryrket.» Denisa Anderson, St. James, Minnesota.

«Marie Wettestad Jenson – my greatgrandmother – used her bicycle when she taught in the rural school near St. James in the 1890's. The teaching years were only six months long; she earned thirty dollars a month. When she married Iver Jenson in 1900, she sold her bicycle to buy her garden fence on their new farm. They had three daughters who all became schoolteachers. Now some of us in the third and forth generations are also studying to be teachers.» Denise Anderson, St. James, Minnesota.

121

THE CHICAGO DAILY NEWS.

Victor F. Lawson, redaktør og utgiver av Chicago Daily News. Født i Chicago i 1850, sønn av emigrant foreldre Iver og Malinda Lawson fra Voss. Daily News under Lawsons ledelse ble en av de mest innflytelsesrike aviser i midtvesten med et opplag på 400.000. Lawson, velkjent for sine mange filantropiske interesser, etterlot ved sin død i 1925 mesteparten av en $20 000 000 formue til veldedige formål innen undervisning og religion. Chicago Daily News Samling.

Victor F. Lawson, Editor and publisher of the Chicago Daily News was born in Chicago in 1850 the son of Norwegian immigrants, Iver and Malinda Lawson from Voss. Under his management The Daily News became one of the most influential in the Middle West reaching a circulation of 400 000. Lawson was also known for many philanthropic interests and at his death in 1925, left the bulk of his $20 000 000 estate for educational, charitable, and religious purposes. Chicago Daily News Collection.

«Bartender» Johnson og Kasper Ramseth i Kathryn, Syd Dakota i et vertshus, 1909. Ramseth kom fra Stange ved Hamar. Hedmarksmuseet og Domkirkeodden, Hamar.

Bartender Johnsen and Kasper Ramseth in a Kathryn, South Dakota saloon, 1909. Hedmarksmuseet og Domkirkeodden, Hamar.

Forfatteren Knut Hamsun's Chicago, ca. 1880. Hamsun var trikkekonduktør på Halsted-linjen som gikk fra Chicago sentrum til sydsiden sent i 1880-årene. David R. Phillips Samling.

Chicago street scene which must have been very familiar to the Norwegian author Knut Hamsun, a street car conductor on the Halsted Line which ran from downtown to the South Side, ca. 1880. Davis R. Phillips Collection.

Den internasjonalt kjente Wagner-operasange-rinnen madame Olive Fremstad (1868–1951) i sin rolle som Isolde, New York, 1913. Hun vokste opp i Oslo og emigrerte til St. Peter, Minnesota, 12 år gammel. Sons of Norway Viking Samling.

Internationally renowned Wagnerian opera Sin-ger Mme. Olive Fremstad (1868–1951), in her role as Isolde, New York, 1913. She grew up in Oslo, Norway, and at the age of 12 emigrated to St. Peter, Minnesota. Sons of Norway Viking Collection.

Bestemor Karen Danielson spinner garn, 87 år gammel, New London, Minnesota 1915. Gudrun K. Harr Samling.

Grandmother Karen Danielson spinning wool at age 87, New London, Minnesota, 1915. Gudrun K. Harr Collection.

126

*Carl og Joseph Ness, Minnesota, 1905. Norwe-
gian-American Historical Society.*

*Carl and Joseph Ness, Minnesota, 1905.
Norwegian-American Historical Association.*

Jevne-firmaet, grunnlagt av Christian J. Jevne i 1865, hadde lokaler på North Clark Street, Chicago, Illinois, og fikk et enestående ry som matvarefirma. Christian Jevne ble født i Vang ved Hamar, og emigrerte i 1864. I 1880 installerte Jevne Chicagos første elektriske lys, og folk samlet seg på gaten kveld etter kveld for å se på belysningen i butikken hans. Ved sin død i 1890, var Christian Jevne en velstående og høyt respektert borger av Chicago. Magnus Moe Samling.

The Jevne Company, founded by Christian H. Jevne in 1865, was located on North Clark Street, Chicago, Illinois, and achieved a remarkable reputation as being a great retail distributor of fine foods. Christian Jevne was born at Vang near Hamar, Norway, immigrating in 1864. In 1880 Jevne installed the first electric light to be used in Chicago and crowds jammed the street night after night to witness the illumination in his store. At his death in 1898, Christian Jevne was a prosperous and highly respected citizen of Chicago. Magnus Moe Collection.

Venter på kunder i en landsens skoforretning, Minnesota ca. 1910. Norwegian-American Historical Association.

Waiting for customers in a village shoe store, Minnesota, ca. 1910. Norwegian American Historical Association.

129

Den spansk-amerikanske krigen i 1898. Nord-
mennene var godt representert i slagene om
Santiago og Manilla, hvor det er sagt at det
første skudd ble avfyrt av en «moderne Viking».
David R. Phillips Samling.

Spanish American War of 1898. Norwegians
were well represented in the battles of Santiago
and Manila Bay, where it is said, the first shot
was fired by a «modern Viking.» Davis R. Phil-
lips Collection.

Telefonist Jossie (Josephine) Jepson (1889–1975), Washington Island, Wisconsin, 1906. Jossie, født på Washington Island, hadde en norsk mor og en dansk far. Robert A. Bell Samling.

Telephone operator Jossie (Josephine) Jepson (1889–1975), Washington Island, Wisconsin, 1906. Jossie, born on Washington Island, had a Norwegian Mother and Danish Father. Robert A. Bell Collection.

131

Henry Hvaltum og herr Dokken på jobb i en
bank i Canton, syd Dakota, ca. 1900. Minnesota
Historical Society.

Henry Hvaltum and Mr. Dokken at work in a
bank, South Dakota, ca. 1900. Minnesota His-
torical Society.

C. Carlsen meieri, N. Francisco Avenue, Chicago, Illinois, ble startet i 1904 av Conrad A. Carlsen fra Ramstad i Norge. Conrad og svogeren Christ Olsen (senter) kom opprinnelig fra Christiania. Mrs. Ralph Oelz Collection.

The C. Carlsen Dairy located at N. Francisco Avenue, Chicago, Illinois, was started by Conrad A. Carlsen from Ramstad, Norway. Photograph by Hunter's Studio, ca. 1910. Mrs. Ralph Oelz Collection.

John J. Sethers gård, Carlisle, Minnesota, ca. 1920. Fotografert av Oxley. Norwegian-American Historical Association.

The John J. Sether farm, Carlisle, Minnesota, ca. 1920. Photograph by Oxley. Norwegian-American Historical Association.

134

Michael S. Opdahl med sønnen Jacob M. Op-
dahl, før Jacob dro til Frankrike under Første
Verdenskrig. Michael Opdahl var født Mikkel
Solomonson i Oppedal, Norge, den 27. februar,
1859. Han forlot Norge som sjømann og slo
seg ned i Chicago. Han tok stedsnavnet der han
var født som etternavn. Sønnen ble født i Chi-
cago 16. juli 1894. Han kom tilbake fra Frank-
rike i 1919. Bildet ble tatt utenfor deres hjem,
1636 Talman Avenue, Chicago, Illinois. Jacque-
lyn Opdahl Rychlik Samling.

Michael S. Opdahl with his son Jacob M. Op-
dahl before Jacob left for France during World
War I. Michael Opdahl was born Mikkel Solo-
monson in Oppedal, Norway, on February 27,
1859. He left Norway as a sailor and eventually
settled in Chicago assuming the name of the
place where he was born as his legal name, only
adding an «h». His son, Jacob Michael Opdahl,
was born in Chicago, Illinois, on July 16, 1894.
He returned from France in 1919. The picture
was taken in the back yard of their home at 1636
Talman Avenue, Chicago, Illinois. Jacquelyn
Opdahl Rychlik Collection.

Utvidninger av Chicagos South Water Street, 22. september 1920. Bygningsområder som dette var typiske arbeidsplasser for nordmenn i byggefagene. Fotografert av Hallenbeck, The Chicago Architectural Photo Co. Chicago Historical Society.

Improvements on Chicago's South Water Street September 22, 1920. Construction sites such as these were typical places of work for Norwegians skilled in the building trades. Photograph by Hallenbeck, The Chicago Architectural Photo Company. Chicago Historical Society.

Den norske ingeniøren Joachim G. I. Giaver var
overingeniør i arkitektfirmaet Daniel H. Burn-
ham som sto for byggingen av «People's Gas
Building» i 1911 på Michigan Avenue i Chicago,
Illinois. Giaver presenterte mange konstruksjon-
forbedringer og sto for 98 viktige bygninger over
hele landet. Chicago Historical Society.

Norwegian-trained Engineer Joachim G. Gia-
ver was chief structural engineer for the archi-
tectural firm of Daniel H. Burnham responsible
for the construction of the People's Gas Build-
ing, Michigan Avenue, Chicago, Illinois, 1911.
Mr. Giaver introduced many improvements,
and constructed 98 important buildings through-
out the country. Chicago Historical Society.

137

17. mai har alltid vært barnas dag. Disse barn er i Wicker Park, Chicago, Illinois, 1907. Chicago Historical Society.

May 17, 1907, Norwegian Constitution Day celebration, Wicker Park, Chicago, Illinois. Chicago Historical Society.

138

Herr og fru Willie Fruland og herr og fru Bert Nielson, etterkommere av «slooper»-immigrantene, ferdig for hjemreisen som tok en hel dag, fra Norway, Iowa til Norway, Illinois, etter besøk til Rosdailsøskene, 1915. Erma Fruland Samling.

Mr. and Mrs. Willie Fruland and Mr. and Mrs. Bert Nelson, Slooper descendants, about to start on a day long trip home from Iowa after visiting the Rosdail cousins, Norway, Illinois, 1915. Irma Fruland Collection.

Det Norsk-Amerikanske idrettslag, Chicago, Il- The Norwegian American Athletic Association,
linois, 10. mai 1921. Finn Moseid Samling. Chicago, Illinois. Finn Moseid Collection.

Maren T. Hennes var født i Christiania og kom
til Chicago i 1898, 17 år gammel. Maren var
den tolvte av 15 barn, og hennes mellomnavn
var Tolvine. I Chicago traff hun Sigurd San-
derson, også fra Christiania. Etter at han døde i
1913, drev hun først pensjonat og deretter bu-
tikken på hjørnet av Maplewood og Diversy.
Hun drev forretningen i 12 år, og ansatte sin
nevø, Ollie Lagerholm (til høyre). Chicago, 1923.
Marian Sanderson Knapp Samling.

Maren T. Hennes was born in Christiania and
came to Chicago in 1898 at the age of 17. Maren
was the twelfth in a family of 15 children and
her middle name was Tolvine, «the twelfth.» In
Chicago she met and married Sigurd Sanderson,
also from Christania. After he died in 1913, she
operated a rooming house and then this grocery
store at Maplewood and Diversey. She owned
the business for 12 years employing her nephew
Ollie Lagerholm (right). Chicago, 1923. Marian
Sandersen Knapp Collection.

140

Diakonissene fra Det Norsk-Lutherske Diako-
nisse Hjem og Hospital, Chicago, Illinois, ca.
1900. Norwegian-American Historical Associa-
tion.

The Deaconesses of the Norwegian Lutheran
Deaconess Home and Hospital, Chicago, Illi-
nois, ca. 1900. Norwegian-American Historical
Association.

Det første «Norwegian Deaconess Hospital» (Norsk Diakonisse Hospital) ble åpnet i denne bygningen med plass for 25 pasienter 22. mai 1897. Det ligger på hjørnet av Artesian Avenue og LeMoyne Street, Chicago, Illinois. Luthern General Hospital Samlinger.

The first Norwegian Deaconess Hospital opened in this building with room for 25 patients, May 22, 1897. Located at Artesian Avenue and Le-Moyne Street, Chicago, Illinois. Luthern General Hospital Collection.

Henry Johnson, Elmer Wallum og Haakon Ban-
pberg, Holmen, Wisconsin, august 1911. Disse
tre menns foreldre kom fra Ringsaker, Chris-
tiania og Furnes. Selma S. Casberg Samling.

Henry Johnson, Elmer Wallum and Haakon
Banpberg, Holmen, Wisconsin, August 1911.
These three families came originally from Rings-
aker, Christiania, and Furnes. Selma S. Casberg
Collection.

144

Tobakkplanting i Coon Valley i nærheten av LaCrosse, Wisconsin, ca. 1912. Christian Robert Christensens Samling.

Planting tobacco in Coon Valley near LaCrosse, Wisconsin, ca. 1912. Christian Robert Christensen Collection.

145

J. A. Paasche (1880–1969) emigrerte til Amerika fra Trondheim i 1900. Han oppfant sprøytepistolen og grunnla J. A. Paasche Air Brush Co., Chicago, Illinois. Inger Paasche Pettersen Samling.

Jens A. Paasche (1880–1969) immigrated to the United States in 1900 from Trondhjem, Norway. He invented the air brush and founded the Jens A. Paasche Air Brush Company, Chicago, Illinois. Inger Paasche Pettersen Collection.

146

Max Møller fra Oslo, US Army flyinstruktør og US postflyver, ble drept under en tur med post fra Chicago til New York, 1. september 1920, da flyet hans eksploderte over Morristown, New York. Møller, som var 27 år gammel, hadde fløyet i 7 år uten en ulykke. Norwegian-American Historical Association.

Max Møller from Oslo, Norway, U. S. Army flight instructor and U. S. mail pilot, was killed on a mail run from Chicago to New York September 1, 1920, when his plane exploded over Morristown, New York. Møller, 27 years, had been flying for 7 years without an accident. Norwegian-American Historical Association.

147

Gruvedrift, Virginia, Minnesota, ca. 1910. Min-
nesota Historical Society.

Underground mining, Virginia, Minnesota, ca.
1910. Minnesota Historical Society.

148

Det Amerikanske hopplag i Olympiaden Cha-
monix, 1924: Ragnar Omtvedt, Harry Lien,
George Leach, trener, Anders Haugen og Le-
Moyne Batson. Harry Lien Samling.

The 1924 United States Olympic Ski Jumping
Team: Ragnar Omtvedt, Harry Lien, George
Leach, Mgr., Anders Haugen and LeMoyne
Batson, Chamonix, France. Harry Lien Collec-
tion.

«Det norske Amerika hadde sin blomstringstid i
årene 1895–1925, da tallet på førstegenerasjons-
immigranter var på sitt høyeste og de fleste
institusjoner grunnlagt av nordmenn fortsatt
brukte norsk. I denne perioden var også immi-
grantlitteraturen levende. Helt fra begynnelsen
av hadde immigrantene dyrket lyrikk, men
annen seriøs skjønnlitteratur ble ikke skrevet
før 1873.» Einar Haugen, professor ved Harvard
Universitet.
«The Norwegian America flourished in the years
between 1895 and 1925, when the number of
first-generation immigrants was at its height,
and most of the institutions founded by the Nor-
wegians were still using the Norwegian langua-
ge. During this period there was even a lively
immigrant literature. Poetry had been written
from the very first beginning of immigration,
but serious original fiction did not come into
being until 1873.» – Einar Haugen, Professor
Harvard University.

Ole Rølvaag (1876–1931) Professor St. Olaf
College, Northfield, Minnesota, kulturell fore-
gangsmann, en av grunnleggerne av Norwegian-
American Historical Association og den mest
prominente av norsk-amerikanske forfattere.
Hans «I De Dage» og «Riket Grunnlegges» har
høstet berømmelse verden over. The Norwegian-
American Museum.

Ole Rølvaag (1876–1931) Professor St. Olaf
College, Northfield, Minnesota, cultural leader,
one of the founders of the Norwegian-American
Historical Association and the most prominent
of Norwegian-American authors whose «Giants
in the Earth» has won worldwide acclaim.
The Norwegian-American Museum.

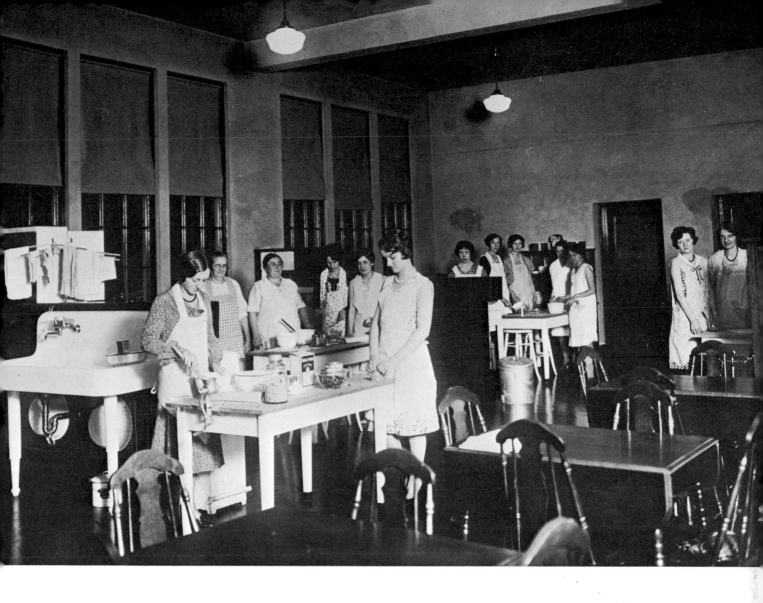

Kveldskurs i matlaging ved Green Bay, Wisconsin Yrkesskole, 1930. Thelma, femte fra venstre, er Einar Ramseths datter. Han kom fra Tynset, Norge i 1888. Thelma Ramseth Thompson Samling.

Evening cooking class at the Green Bay, Wisconsin Vocational School, 1930. Thelma, fifth from left, is the daughter of Einar Ramseth who came from Tynset, Norway, in 1888. Thelma Ramseth Thompson Collection.

Grieg Kvinnelige Sangkor, Chicago, Illinois. Koret, som var grunnlagt i 1915, deltar her i 17. maitoget i sine Hardangerbunader, 1924. Fotografert av M. M. Flanders. Dr. Alf H. Altern Samling.

Grieg Ladies Singing Society of Chicago, Illinois (founded in 1915), taking part in the May 17 Norwegian Constitution Day Parade, in Hardanger costumes, ca. 1920. Photograph by M. M. Flanders. Dr. Alf H. Altern Collection.

Etter kampen, Pempine, Wisconsin med Monsen-
guttene: Olaf, Adolph, Theodore, Melvin og
Ralph, ca. 1908. Monsen-familien kom fra Ber-
gen. Joseph Bradley Samling.

After the ball game, Pempine, Wisconsin, with
the Monsen boys: Olaf, Adolph, Theodore, Mel-
vin and Ralph, ca. 1908. Joseph Bradley Collec-
tion.

153

Kirsebærhøsting ved Sturgeon Bay, Wisconsin,
1929. Door County Historical Museum.

Cherry picking near Sturgeon Bay, Wisconsin,
1929. Door County Historical Museum.

154

«Det var ikke å vente at de første norske immi-
grantene skulle spille noen aktiv rolle i politik-
ken. De hadde det for travelt med å rydde nytt
land på prærien og bygge seg hus. Annen-
generasjonen, som var oppdratt etter ameri-
kanske skikker og med amerikanske idealer,
gikk inn for stillinger i det offentlige liv. Siden
dengang har tusener menn og kvinner av norsk
avstamming innehatt alle slags offentlige verv –
unntatt presidentvervet.» – Martin W. Odland.

Valgkamp. Guvernør fra Minnesota Flyd Bjorn-
stjerne Olson (1891–1936). Valgt som den 21. gu-
vernør i 1930 og gjenvalgt 1932. Minnesota His-
torical Society.

«It was not to be expected that the early Nor-
wegian immigrants would play a prominent part
in politics. They were too busy leveling the
forests, breaking up the prairies and building
houses. The second generation, schooled in Ame-
rican customs and ideals began aspiring to places
in the public service. Since then, thousands of
men and women of Norse blood have served in
every elective office only short of the presi-
dency.» – Martin W. Odland.

Farmer-labor governor of Minnesota, Floyd
Bjornstjerne Olson (1891–1936). Elected 21st
Governor in 1930 and reelected in 1932. Minne-
sota Historical Society.

Fru Ole Erickson ved veven, Whitehall, Wisconsin, 1953. Hun ble født i Nordre Land i 1863 og kom til De Forente Stater i 1883. Mrs. Lester Brennom Samling.

Mrs. Ole Erickson at her loom, Whitehall, Wisconsin, 1953. Mrs. Erickson was born in Nordre Land, Norway, in 1863 and came to the United States in 1883. Mrs. Lester Brennom Collection.

Amanda Monsen og Benjamin Bradley, Antigo, Wisconsin, ca. 1910. Joseph Bradley Samling.

The courtship of Amanda Monsen and Benjamin Bradley, Antigo, Wisconsin, ca. 1910. Joseph Bradley Collection.

Lincoln Ellsworth (til venstre) og Bernt Balchen gjør seg klar til polflyvning med Amundsen.

Lincoln Ellsworth (left) and Bernt Balchen preparing for Polar flights with Amundsen.

Notre Dame «coach» Knute Rockne under fotballtrening, Southbend, Indiana, ca. 1930. Rockne ble født på Voss i 1888 og kom til Chicago i 1893. Han var selv en fremragende idrettsmann og var Notre Dames fotballtrener fra 1914 inntil sin død i 1931. I denne perioden ble både Notre Dame og Rockne kjent over hele USA. Bagby Photo Company.

Notre Dame Coach Knute Rockne during football practice, Southbend, Indiana, ca. 1930. Rockne born at Voss, Norway, in 1888 came to Chicago in 1893. Rockne, himself an excellent athlete, was Notre Dame's football coach from 1914 until his death in 1931, during which both Notre Dame and Rockne gained national fame. Bagby Photo Company.

159

Ole Evinrude (1877–1934), pioner påhengsmo-
tor-fabrikant, forsøker en av sine nye modeller,
Milwaukee, Wisconsin, 1924. Det blir sagt at
han ble inspirert til å oppfinne påhengsmotoren i
1909 etter å ha opplevd å måtte ro 2¹/₂ miles
over en innsjø for å tilfredsstille venninnens lyst
på iskrem. «Ole Evinrude og Påhengsmotorene»,
Kenneth Bjørk, («Norwegian American Studies
and Records»). Evinrude Motors Samlinger.

Ole Evinrude (1877–1934), pioneer outboard
motor manufacturer, trying out one of his new
models, Milwaukee, Wisconsin, 1924. Said to
have been inspired in 1909 to invent the out-
board motor after a grueling experience of row-
ing 2¹/₂ miles across a lake to satisfy his girl-
friend's desire for ice cream. («Ole Evinrude
and the Outboard Motors»). Kenneth Bjork, Nor-
wegian American Studies and Records, Evinrude
Motors Collection.

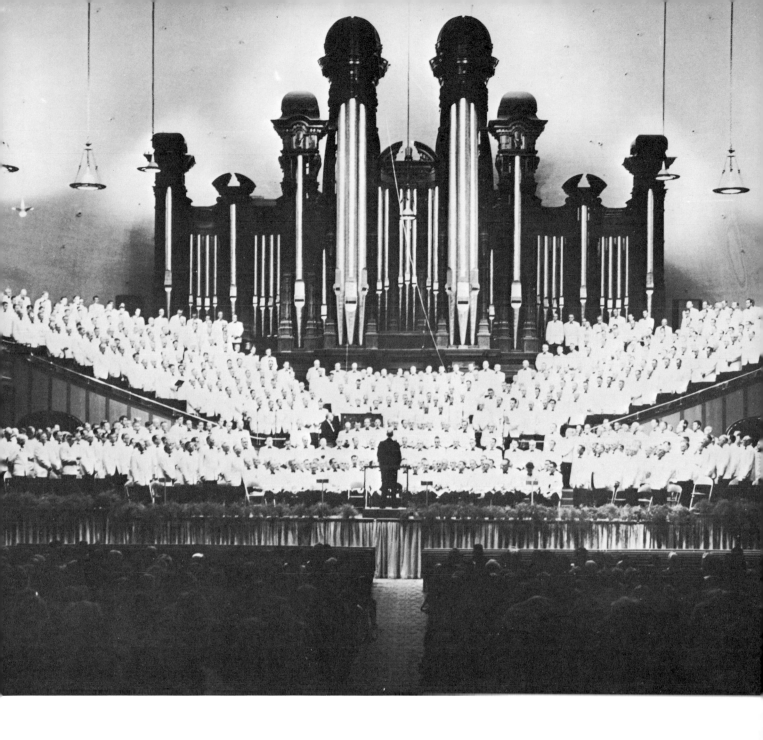

Dirigent Knute Hansen, Chicago, dirigerer et kor på 800 sangere under en konsert av Norwegian Singers Association of America (Den norske sangforening i Amerika) under deres 34. Sangerfest i Mormon Tabernacle, Salt Lake City, Utah. Foto R. C. Ellingsen. Knute Hansen Samling.

Director-in-Chief Knute Hansen, Chicago, directing a choir of 800 for a consert of the 34th Biennial Sangerfest, June 1962, of the Norwegian Singers Association of America at the Mormon Tabernacle, Salt Lake City, Utah. Photograph by R. C. Ellingsen. Knute Hansen Collection.

161

Den legendariske pioner Snow Shoe Thompson ble født i Telemark i 1827 og døpt John Tostensen. Han emigrerte med sin familie i 1837, og i 1851 deltok han i gullrushet i California. Fordi postgangen østfra over Sierra Nevada var mangelfull om vinteren, gikk han selv i tre år på ski med posten på slutten av 1850-årene og holdt således forbindelsen mellom Utah Territory og den unge staten California åpen. Da han døde på ranchen sin i Diamond Valley, Alpine County, California, i 1876, var Thompsons dyktighet og bedrifter viden kjent og han var blitt en legende. Norwegian-American Historical Society.

Legendary pioneer Snow Shoe Thompson was born in Telemark in 1827 and baptized John Tostensen. He emigrated with his family in 1837 and baptizes John Tostensen. He emigrated with his family in 1837 and by 1851 he was a participant in the California gold rush. Because of the difficulty in obtaining mail from the east across the Sierra Nevada mountains in winter he personally carried the mails on skis for three years in the late 1850's linking Utah Territory and the young State of California. At the time of his death at his ranch in Diamond Valley, Alpine County, California, in 1876, Thompson's skill and exploits were widely known and he was a legend.
Norwegian-American Historical Society.

Selv med seks manns styrke, sager og økser tok det flere timer å felle en slik redwood (kjempegran). Washington ca. 1907. Seattle Historical Society.

With the saws, axes and muscles of six men, it still took several hours to bring down a large redwood like this, Washington, ca. 1907. Seattle Historical Society.

164

Fjorten okser i ett spann sleper tømmer til elven der hvor byen Vancouver ligger idag. Ca. 1880. British Columbia Provincial Archives.

A team of fourteen oxen pulling logs to the river, ca. 1880, on a site which is now the city of Vancouver. British Columbia Provincial Archives.

Tømmerhuggere tar en hvil etter å ha felt en gran med diameter på 2,90 m for Tide Water Lumber Company. Ca. 1907. Seattle Historical Society.

Lumbermen resting after felling fir with a diameter 9 foot 6 inches for the Tide Water Lumber Company, ca. 1907. Seattle Historical Society.

166

Mannen i toppen av treet midt på bildet har nettopp montert vaiere, eller løpestag, som brukes til å slepe sammen tømmer fra området omkring til en stor stabel som så vil bli brent. Ca. 1900. Seattle Historical Society.

The man perched on the top of the large tree left in the clearing has just placed cables, or high leads, which will be used to pull the timber from the surrounding area to create a gigantic pile that will be burned later, ca. 1900. Seattle Historical Society.

167

Norskfødte J. Jensen fra San Francisco kjøpte i 1887 sammen med en kaptein Rock barken «Levi G. Burgess» (til venstre). I 23 år seilte «Levi G. Burgess» i tømmerfart og viste seg å være en av de raskeste skutene på kysten. Det gamle San Francisco var bygd av tre, og behovet for gran og redwood var stort. Nordvest-statene ble forsynt med tømmer hovedsakelig av en flåte slike skværriggere og skonnerter. San Fransicso Maritime Museum.

Norwegian born J. Jensen of San Francisco in 1887 purchased, together with a Captain Rock, the bark «Levi G. Burgess» (left). For 23 years the «Levi G. Burgess» engaged in the lumber trade, proving to be one of the fastest vessels on the coast. Old San Francisco was a city built of wood and the need for fir and redwood was great. The Northwest was principally supplied with lumber by fleets of square-riggers and schooners such as these. San Francisco Maritime Museum.

*Firemastere laster tømmer ved Port Blakely Mill
i Washington. Ca. 1900. Seattle Public Library.*

*Four masted sailing ships taking on lumber at
Port Blakely Mill in Washington, ca. 1900.
Seattle Public Library.*

Sivert Sagstads skipsverft ble grunnlagt i Seattle i 1905. Seattle Historical Society.

The Shipyard of Sivert Sagstad was founded in Seattle in 1905. Seattle Historical Society.

170

Mannskapet på dampskonnerten «Tahoe» feirer jul i ruffen, 1908. I første rekke (fra venstre): Charles Hanson, H. A. Petterson, Bill Jensen og Fred Hawkinson. Bak (fra venstre): Harry Mortenson, «Rusty», Fred Christianson, «Russian», Bill Johnson, Max Blicher og William Henricksen. San Francisco Maritime Museum.

The crew of the steam schooner «Tahoe» celebrating Christmas in the Forecastle, 1908. In the front row (l t r): Charles Hanson, H. A. Petterson, Bill Jensen and Fred Hawkinson; in the back: Harry Mortenson, «Rusty», Fred Christianson, «Russian», Bill Johnson, Max Blitcher and William Henricksen. San Francisco Maritime Museum.

171

Broadway-kaia på San Francisco havn, ca. 1890. En transportabel damp-donkeymaskin losser et fartøy fra østkysten med treskrog til venstre på bildet. Foto Lange. San Francisco Maritime Museum.

The Broadway Wharf on the San Francisco harbor, ca. 1890. A portable steam donkey engine on the wharf discharges cargo from a wooden hulled downeaster to the left. Photograph by Lange. San Francisco Maritime Museum.

Kaptein P. Sonerud (i midten foran) med mann-
skap ombord på skonnerten «R. C. Slade». Ca.
1900. San Francisco Maritime Museum.

Captain P. Sonerud (center front) with his crew
on board the schooner «R. C. Slade», ca. 1900.
San Francisco Maritime Museum.

173

Havgående skonnert «Occidental» splitter et
bramseil i kappseilas med to scow-skonnerter i
Master Mariners Regata, en regatta for lasteskip
i San Francisco Bay, 4. juli 1884. San Francisco
Maritime Museum.

The deepwater schooner the «Occidental,» split-
ting a topsail while racing between two scow
schooners at the Master Mariners Regata, a race
of cargo vessels, held in San Francisco Bay,
July 4, 1884. San Francisco Maritime Museum.

174

Sivert Steinnes ble født i Norge 20. okt. 1864. Han gikk tidlig til sjøs og skiftet navn til Sam Stone da han ble amerikansk statsborger i 1893. Fra 1894 til 1898 tjenstgjorde han i U.S. Coast Guard Service og var senere med i Yukon-gull-rushet. *Brown Collection, Seattle Historical Society.*

Sivert Steinnes was born in Norway, October 20, 1864. He went to sea at an early age and, in becoming a U.S. citizen in 1893, changed his name to Sam Stone. From 1894 to 1898 «Sam» served with the U. S. Coast Guard Service and later participated in the Yukon Gold Rush. *Brown Collection, Seattle Historical Society.*

S/S «Thor» av Tønsberg laster tømmer for Pa-
nama-kanalen i Mettleton Lumber Co., West
Seattle, 1913. Foto Mettleton. Seattle Historical
Society.

S.S. «Thor» of Tønsberg, Norway, 1913, load-
ing timber for the Panama Canal, at Mettleton
Lumber Co., West Seattle. Mettleton Photo.
Seattle Historical Society.

Fiskere fra Grinde & Moe Cannery Operation, Puget Sound, Washington. Ca. 1906. Seattle Historical Society.

Fisherman employed by the Grinde and Moe Cannery Operation, Puget Sound, Washington, Ca. 1906. Seattle Historical Society Collection.

Denne «kveite-skonnerten», «Sitka», ble bygd og ført av Kaptein John Johnson. Ca. 1900. Seattle Historical Society.

This Halibut schooner, the «Sitka» was built and operated by Captain John Johnson, ca. 1900. Seattle Historical Society.

178

Einer Eriksen (til venstre), var innehaver av fir-
maet Ballard, Sunset Shipyard, sammen med
I. Heggem (ikke med på bildet). Ca. 1900. Seattle
Historical Society.

Einer Eriksen (on the left) owned the Ballard
firm, Sunset Shipyard, together with I. Heggem
(not shown), ca. 1900. Seattle Historical Socie-
ty.

Kaptein Roald Amundsen (til venstre) sammen med mannskapet på Gjøa i Nome, Alaska, 1906, etter å ha vært den første som fullførte turen gjennom Nordvest-passasjen mellom Atlanterhavet og Stillehavet. Turen tok tre år. Seattle Historical Society.

Captain Roald Amundsen (left) together with his crew on the «Gjøa» at Nome, Alaska, 1906, after successfully being the first to complete traversing the north passage between the Atlantic Ocean and the Pacific Ocean on a voyage which took 3 years. Seattle Historical Society.

Humlen bringes i hus. Ole N. Lies farm, Conway, Skagit County. Seattle Historical Society.

Putting hops in barn. Ole N. Lie farm, Conway, Skagit County. Seattle Historical Society.

Vossa Picnic, Ravenna Park, 6. august 1911. I øverste rekke fra venstre (top row, left to right): Gertrude Skarpness, Andrew Graue, Bessie Thorgerson, Nils Rongve, Lena Lee, Lewis Moen, Bertha Herheim, Sivert Twito, Nelson, Ole Finne, Mr. & Mrs. Peder Gjerde. Annen rekke (second row): Mr. & Mrs. Tone med barn (and children) Lizzie Twito, Dagny Twito (Shervheim), Louis Twito, Mrs. Ingeborg Olsen, Nora Olsen, ukjent (unknown), Bertha Finne,

ukjent (unknown). Tredje rekke (third row): Mr. & Mrs. Bakketun, ukjent (unknown), Mr. & Mrs. Andrew Lofthus, Albert Lofthus, Ivar Finne, Bennie Finne. Nederste rekke (bottom row): Oscar Moen, Kirsti Moen, Clara Moen, John Moen, Ingeborg Hegg, Amanda, Clara, Ingvald Hegg, Svein Hegg, Mrs. Finne, Sigrid Knutsen, William (Bill) Knutsen, Knute Knutsen, George Knutsen.

Alaska-gullrushet, 1897. Gullgravere med forsyninger stablet opp på fortauet, klar for avreise. Seattle Historical Society.

At the time of the Alaska gold rush, 1897. Miners with their provisions ordered, packed on sidewalk ready to be taken to the boat. Seattle Historical Society.

Bare en håndfull heldige i et gullrush gjør det store varpet. I så henseende var Klondike-rushet i 1897–98 intet unntak. For hver Alexander McDonald og Conrad Dahl var det tusen andre «klondikere» hvis anstrengelser brakte dem lite eller ingenting. Disse mennene, drevet av nødvendighetens svøpe i sitt nederlag, løste vanligvis sine problemer på én av to måter: enten vendte de nesen hjemover, fattigere og kanskje klokere, eller de satte kursen mot nye gullområder, fulle av nytt håp. Et betydelig antall dro nedover Yukon-elven til Nome.

På vei til Klondike gjennom Chilkoot Pass i British Columbia, 1898. Foto A. E. Hegg. R. N. De Armand, Alaska Journal Collection.

Only a handful of participants in gold rushes strike it rich. In this respect the Klondike stampede of 1897–98 was no exeption. For every Alexander McDonald and Conrad Dahl there were thousands of other Klondikers whose efforts brought them little or nothing. These men, driven in their defeat by the whiplash of necessity, solved their problem as a rule in one of two ways: they returned to the States, poorer and perhaps wiser, or, filled with fresh hopes, they headed for new gold fields. A considerable number went down the Yukon to Nome. (N. A. Studies vol. 16, p. 161.)

On the way to the Klondike gold fields through Chilkoot Pass in British Columbia, 1898. Phograph by A. E. Hegg.
R. N. De Armand, Alaska Journal Collection.

Dawson City, Alaska, en viktig utstyrsby for gullgravere for «The Klondike». Lars Vetland og A. M. Mosheim Lind var i Dawson da dette bildet ble tatt. To norske ingeniører med eksamen fra Trondheim Tekniske Høyskole. Seattle Historical Society.

Dawson City, Alaska, an important outfitting town for gold miners to the Klondike. Two Norwegian engineers, Lars Vetland and A. M. Mosheim Lind, graduates from Trondhjem Technical College, were in Dawson when this picture was taken in 1900. Seattle Historical Society.

Vaskingen av gullet var det siste trinn i prosessen. Etter de mange teltene og haugene i bakgrunnen å dømme, var «Number 4 Eldorado» et stort foretagende. Alaska ca. 1900. Seattle Historical Society.

«Clean up,» or washing the ore for gold, was the last step in the mining process. Judging from the many tents and stacks in the background the «Number 4 Eldorado» was a large operation. Alaska, ca. 1900.
Seattle Historical Society.

Gullgraving på Eldorado-skjerpet, Alaska, ca.
1900. Seattle Historical Society.

Digging for gold on the Eldorado Claim, Alas-
ka, ca. 1900. Seattle Historical Society.

Selv om faren for gassforgiftning nede i gruvene var virkelig, er «redningen» denne gang satt i scene til ære for fotografen. Ca. 1900. Fotografiet tilhørte Henry E. Kollven, og han er kanskje en av mennene på bildet. Kollven kom fra Sjoa i Norge, og emigrerte til Seattle i 1889 og hadde et herberge for veifarende nær Dawson, Alaska, 1893–1903. Seattle Historical Society.

Although being overcome by gas in the mine was a real danger, «The Rescue» here has been staged for the photographer, ca. 1900. The owner of this photograph was Henry E. Kollven and he may be one of these men. Kollven came from Sjoa, Norway and emigrated to Seattle in 1889, and operated a road house near Dawson, Alaska, 1898–1903.
Seattle Historical Society.

Improvisasjoner var ofte nødvendige når man drev gullgraving i Alaska, som for eksempel å bruke vaskepannen til å tilberede lunsjen i. Ca. 1900. Seattle Historical Society.

Improvisation was often required in the Alaska gold field and sometimes included using a gold pan to cook lunch, ca. 1900. Seattle Historical Society.

189

Pacific Lutheran College Band under ledelse av Dr. Carlo Sperati spilte i Camp Muir i 1896. Bildet er tatt i h.o.h. 10 000 fot. Bandet inkluderer Leonard Brodstern, E. O. Erickson, Sophie Peterson, Hannah Jah, Elia Frobel, Ludvig Larson og Thiessa Krudel. Seattle Historical Society.

The Pacific Lutheran College Band under the direction of Dr. Carlo Sperati played at Camp Muir in 1896, 10,000 feet above sea level. Band members included Leonard Brodstern, E. O. Erickson, Sophie Peterson, Hannah Jahr, Elia Frobel, Ludvig Larson and Thiessa Krudel. Seattle Historical Society.

Mer enn 800 000 nordmenn utvandret til De forente stater mellom 1825 og 1925. Deres etterkommere teller idag mer enn 3 millioner amerikanske borgere.

Reisen over var lang, langsom og risikofylt og de første årene i den nye verden vanskelige. Men immigrantene var nøysomme folk, vant til hardt arbeide og satte all sin viljekraft inn for å skape en ny tilværelse for seg og sine barn. De fleste av dem var innstilt på å skaffe seg jord og bli farmere, men etterhvert møter vi også fiskere, sjømenn, tømmerhuggere og håndverkere. Og også folk med høyere utdannelse kom over: prester, leger, lærere, ingeniører og arkitekter. Hver på sitt felt fant de sin plass i det nye samfunn og ydet sitt bidrag til landets utvikling.

Planen om å lage en utstilling av fotografier som viste de norske innvandrernes liv og skjebne, og som en del av det store immigrantjubileet, kom opp våren 1974. Den ble godkjent av jubileumskomitéen i Chicago under ledelse av Irving Highland, Rasmus J. Harr og Archie L. Anderson.

Med velvillig støtte fra presse, radio og fjernsyn, museer, historielag, kirker og ikke minst enkeltpersoner, mottok vi tusenvis av fotografier. Alle ville hjelpe til og donasjoner strømmet inn fra nær og fjern. Prosjektet ble en fellesinnsats av norskamerikanere i Midt-Vesten. Spesielt må allikevel nevnes de få som fikk gjøre arbeidet. Rolf Erickson, min nærmeste medarbeider, ga oss sin historiekunnskap og forskningsevne, Sven Wibe var rådgiver og støtte helt fra første stund. De øvrige vi ikke kunne ha klart oss uten var Knut Einarsen, Lynn Sove, Darrell Treptow, Douglas Gilbert, Anne Mjelva, Sally Johnson, David Phillips og Herbert Pinzke.

Et utvalg av bildene ble kopiert, forstørret og montert, og utstillingen ble åpnet 16. oktober 1975 av H. M. Kong Olav V.

More than 800 000 Norwegians emigrated to the United States between 1825 and 1925. Today their descendants constitute more than three million American citizens.

The voyage over was long, slow and hazardous, and the first years in the new world difficult, but these were people accustomed to hard work and they willingly gave of their strength to build a new life for themselves and their children.

Most of them, at first, were interested in obtaining land and becoming farmers. But as time goes by we are also meeting fishermen, sailors, lumberjacks and tradesmen.

People with higher education also came: pastors, doctors, teachers, engineers and architects. They all found their place in the young society, made their contribution to the development of the country.

The plan to make an exhibition of photographs showing the life and lot of the Norwegian immigrant, and make it a part of the great immigrant anniversary, came up in the spring of 1974. It was approved by the anniversary committee in Chicago under the leadership of Irving Highland, Rasmus J. Harr and Archie L. Anderson. With the enthusiastic support from mass media, from museums, historical societies, churches, and not least from individuals, we received photos by the thousands. Everybody wanted to help and donations came in from all directions. The project truly caught the imagination of the Norwegian American in the Mid West.

Even so, the few that got to do the work should be mentioned especially: Rolf Erickson, my close coworker, gave us history knowledge and research abilities. Sven Wibe gave advice and support from the very beginning. The others that made the project possible were Knut Einar-

191

I denne bok er tatt med de fleste av bildene fra utstillingen som omfatter de første hundre år. Disse bildene skriver seg hovedsakelig fra Midt-Vesten. I boken er også tatt med et utvalg fotografier fra Vestkysten og Alaska, der også mange av innvandrerne slo seg ned.

Det bør også nevnes at alt billedmaterialet og rettighetene til denne boka er gitt til Vesterheim, Det norskamerikanske museet i Decorah, Iowa. En vesentlig del av samlingen har blitt kopiert og kan sees på utvandrermuseet i Hamar.

Chicago, September 1978

Jon Thallaug

sen, Lynn Sove, Darrell Treptow, Douglas Gilbert, Anne Mjelva, Sally Johnson, David Phillips and Herbert Pinzke.

A selection of the pictures were copied, enlarged and mounted, and the exhibition was opened on October 16 1975 by H.M. Kong Olav V.

Most of the pictures from the first hundred years are included in this book. The greater part originates from the Mid West; some have been added from the West Coast and Alaska, where so many of the immigrants settled.

It should also be mentioned that all the collected picture material and all rights to this book have been donated to Vesterheim, the Norwegian American museum in Decorah, Iowa. A substantial part of the collection has been copied and can be found at the emigration museum in Hamar, Norway.

Chicago, September 1978

Jon Thallaug